小さないのちのドアを開けて

思いがけない妊娠をめぐる６人の選択

「小さないのちのドア」
代表 永原郁子　施設長 西尾和子

漫画 のだますみ

はじめに

「小さないのちのドア」では、思いがけない妊娠や、育児が困難で育てることができないと追い詰められた女性からの相談を、二十四時間体制で、電話やメール、LINE、そして来所などを通してお受けしています。

「生理がきません。妊娠しているかもしれません」
「妊娠しているか心配……消えてしまいたいです」
「妊娠していることをお母さんには言えません」
「妊娠反応陽性でした。妊娠を告げると彼と連絡が取れなくなりました」
「まだ赤ちゃんを育てる状況ではないのですが、中絶もしたくありません」
このような相談が女性たちから寄せられます。
また、
「妊婦です。職を失って住む家がありません」
「お腹(なか)に赤ちゃんがいるのに、上の子も私も毎日一食しか食べていません」
「夫から暴力を受けて裸足(はだし)で家を出ました。今、妊娠中です」
「まだ病院に行っていません。たぶん八カ月頃です」

「陣痛が始まっています。今まで病院にかかったことがありません」

こんな危機迫る相談をお受けします。

小さないのちのドアがスタートしたのは二〇一八年九月一日のことです。私が院長をしているマナ助産院に、「こうのとりのゆりかご」（いわゆる赤ちゃんポスト）を設置しませんかと、あるＮＰＯ団体から打診があったことが始まりでした。

「こうのとりのゆりかご」は日本で唯一、熊本の慈恵病院にある施設で、親が養育できない子どもを緊急避難的に受け入れる所です。「こうのとりのゆりかご」と書かれた小さな扉を開くと温かなベビーベッドがあり、そこに赤ちゃんを託します。厚生労働省は「こうのとりのゆりかご」が設置された直後に、「子どもを置き去りにする行為は、本来あってはならない」と主張し、「一般化すべきではない」と通知しています。このことが、日本に二つ目の「こうのとりのゆりかご」ができない要因となっていると思われます。

私自身、「こうのとりのゆりかご」、いわゆる赤ちゃんポストを設置しようとしましたが、その壁は予想以上に高く、困難を極めました。そして、いろいろと模索し、「ポスト型のこうのとりのゆりかご」ではなく、「面談型のこうのとりのゆりかご」を作ろうという考えに至りました。

この計画に光が射したのは、二〇一七年に、『赤ちゃんポストと緊急下の女性』（北大路書房）の著者である柏木恭典氏に同行させていただき、赤ちゃんポスト（ベビークラッペ）発祥のドイツのハンブルクにあるベビークラッペを訪れた時でした。そのベビークラッペは他のベビークラッペ同様、扉の向こうに温かなベビーベッドがあり、その上にかわいい人形とお母さんへの手紙が置かれていました。しかし、ここには赤ちゃんが一人も入れられていないというのです。赤ちゃんを連れてきた方が赤ちゃんをベビークラッペに入れずに、赤ちゃんを抱いてその横にあるドアから入ってこられ、なぜここにやってきたかを話されるのだそうです。時には何時間も話されると、施設の方が説明してくださいました。赤ちゃんだけをそっと預かるのではなく、来られた方とお話しすることで、赤ちゃんもお母さんも幸せになる方法を考えることができると教えられました。ドイツでのこの経験が、「面談型のこうのとりのゆりかご」の構想を確かなものとし、日本に帰ってからの準備を加速させ、翌年の九月に一般社団法人を立ち上げ「小さないのちのドア」をスタートさせました。

「小さないのちのドアは胎児や赤ちゃん、そして女性のいのちを守る場所です。
秘密は守ります。診察料や相談料はいりません。
もし交通費がなければご相談ください。
妊娠しているかもしれないと心配している方、
赤ちゃんがお腹にいるのに誰にも相談できない方、
また育てることができない状況で悩んでいる方、
私たちは全力でサポートします。
勇気を出してご相談ください」

このように呼びかけたところ、三年間で二万件以上の相談が寄せられました。相談の中には、中絶を思いとどまって赤ちゃんを出産されたり、特別養子縁組でいのちがつながれたり、「陣痛がきています。どうしたらいいですか」という急な電話の対応があったりしましたが、いのちが守られるたびに私たちは胸をなでおろし、小さないのちのドアを開いてよかったとつくづく思います。

このたび、私たちが小さないのちのドアを通して経験していることや、ここから見えてきた社会を、本を通して皆様にお伝えすることにしました。

漫画家ののだますみさんに加わっていただき、若い人たちにも伝わりやすいように、相談事例を漫画にして紹介しています。六つの事例は、個人が特定されないように一部内容に変更を加えており、登場する相談者や関係者の個人名はすべて仮名ですが、内容はノンフィクションです。

フリーセックスが当たり前のように言われる日本ですが、その陰で多くの女性が苦しみ、助けを求めています。女性たちのか細い「助けて」の声にどう応えていけばいいのか、皆様と考えていけたら幸いです。また、お読みくださった方々のこれからの人生に本書を役立てていただければと心から願ってやみません。

永原郁子

もくじ

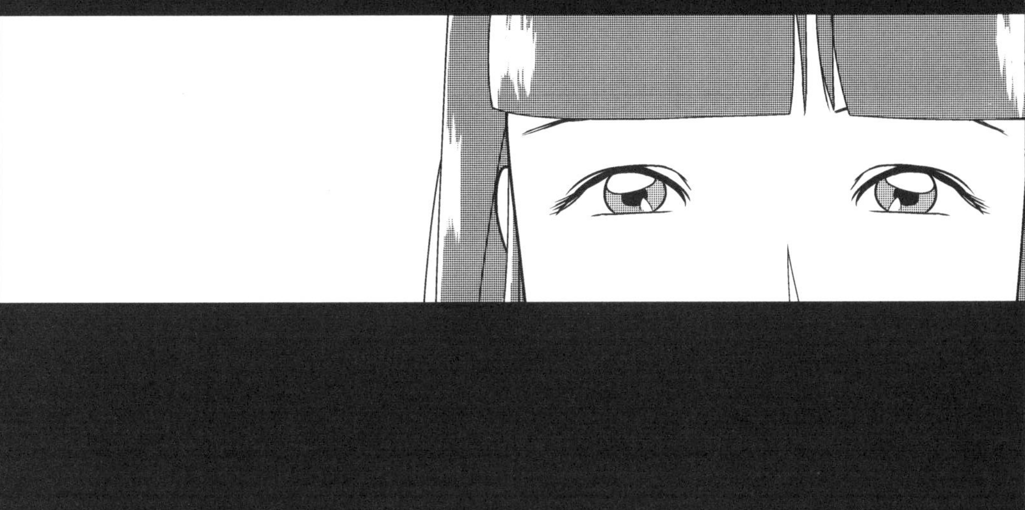

CASE 1 思いがけない妊娠

かなの選択

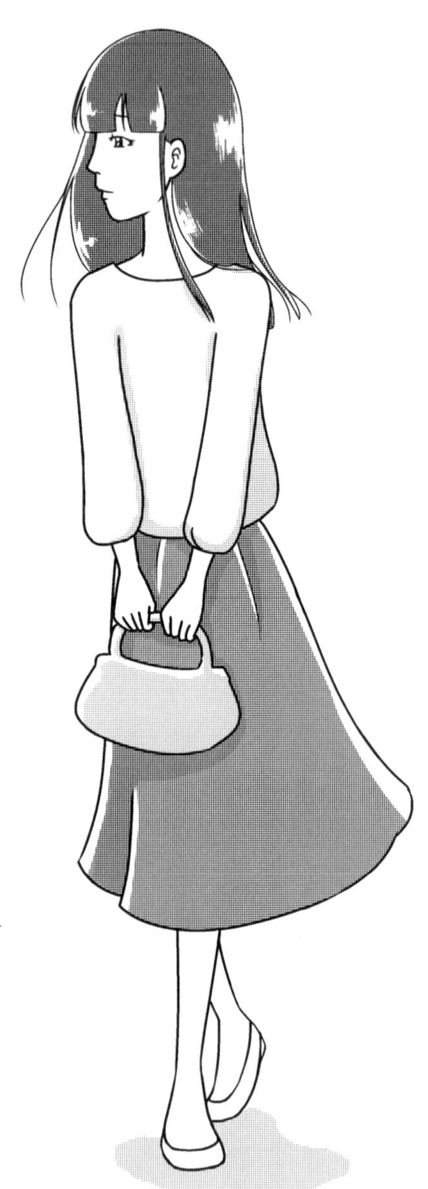

かな

幼い頃に親は離婚し、母と二人で暮らしてきた。
高校卒業後は派遣社員として働いていたが
経済的に厳しく、夜は飲食店でもアルバイトをしている。

ブルルル…
「今度会いませんか？」
ナオト君…
SNSで知り合ったナオト
はじめまして
好きな映画や苦手な食べ物
私たち共通点がたくさんある
よけちゃえ
どんどん好きになってく

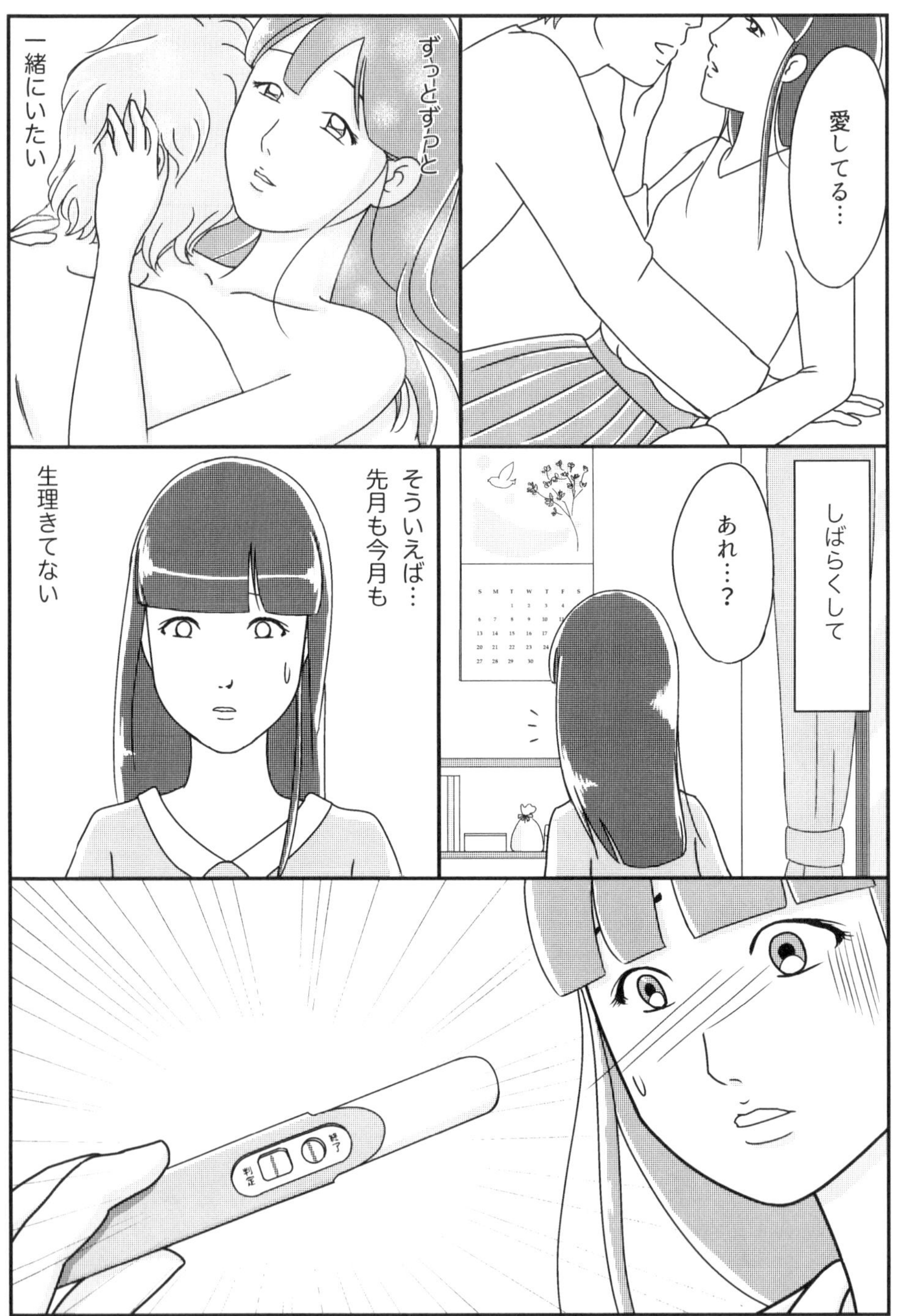
愛してる…
ずっーとずっーと
一緒にいたい
しばらくして
あれ…？
そういえば…
先月も今月も
生理きてない
終了
判定

既読
22:08
今日
ナオトくん
会いたい
既読
12:47
今夜
行くよ
17:35
Aa
待って
あのね…
話が
あるの
えっ
妊娠?!
うん…
わかった…
じゃあ…

結婚しようか
職場
ほう
それは
おめでとう
退職願
楽しみだね
ありがとう
ございます

引っ越しに向けて
そろそろ
準備して
いかないとな
ずいぶん
お腹大きく
なったねぇ
重たいでしょ
今
何カ月？
8カ月です
まぁ
あっという間ね！
GREEN MART
FRESH FOOD & LIFE STYLE
YOUR BEST DAILY MARKET
特売日
特売日
こんなお腹だから
バイトも行けなく
なったし
厳しいな…
栄養もとらないと
いけないのに
でも
結婚したら
生活も楽に
なるだろうし
もう少しの
ガマンガマン

しかし
ナオト君
今日来るって
言ってた
何時に
来るのかな
ずっと忙しいって
言ってたから
会うの
久しぶりだな
無印良店
今シーズン初の
こいけともか
スタンプを送信しました
メンバーがいません
スタンプを送信しました
えっ？
あれっ
ホーム
トーク
タイムライン
17:40
ナオトが退出しました
トーク相手がいません。
えっ？
アカウントが
なくなってる?!
何かの
トラブルかな
電話…
わたし…
ケイタイ番号知らない…
いつもSNSの通話で
話してたから…

直接来るのかもしれない
きっと…
チッ
チッ
チッ
チッ
チッ
チッ
チッ
翌日もその翌日も
何日たっても
連絡はなかった
家を訪ねてみようにも
家がどこなのかも
知らなかった
ナオト君の家に行ってみたい
また今度ね
いつも会うのは外か
わたしの部屋だった…
ガクッ
くすくす
もうダーメ…
ふふ…

ダーメったら
くすくす
いいだろ
かな
外で遊んで
おいで
え?!
外?
早く
行きなって
ザァッ
わたし…
また一人ぼっちだ

え?!
退職を取り消したい?!
それはムリだ
もう新しい人が決まってるよ!
家賃滞納督促状
普通預金 4
差引残高
11,634
8,634
5,634
4,634
3,634
2,634
1,634
634
72%
11:46
search.yahoo.co
妊娠 未婚 相談

所される場合…
戸駅より30分
三ノ宮駅より20分
みどり台センター前」より徒歩5分
バスの進行方向へ
②最初のT字路（新聞屋さんの手前）を左折
③4筋目を左折
左手2件目が小さないのちのドアです
JR三ノ宮駅、神戸駅、新神戸駅から
タクシーを利用されてもいいです。
（支払いが難しい場合、私たちが支払います。
その時はタクシーの中から連絡ください。）
078-743-2403
一般社団法人
小さないのちのドア
思いがけない妊娠で困っていませんか？
育児で追い詰められ苦しんでいませんか？
小さないのちのドアは
妊娠や出産、育児で困っている、悩んでいる、
苦しんでいる女性のためのドアです。
24時間いつでも開いています。
でも相談いただけます。
さい。待っています。
プルルルル
プルルル…
はい
小さないのちの
ドアです

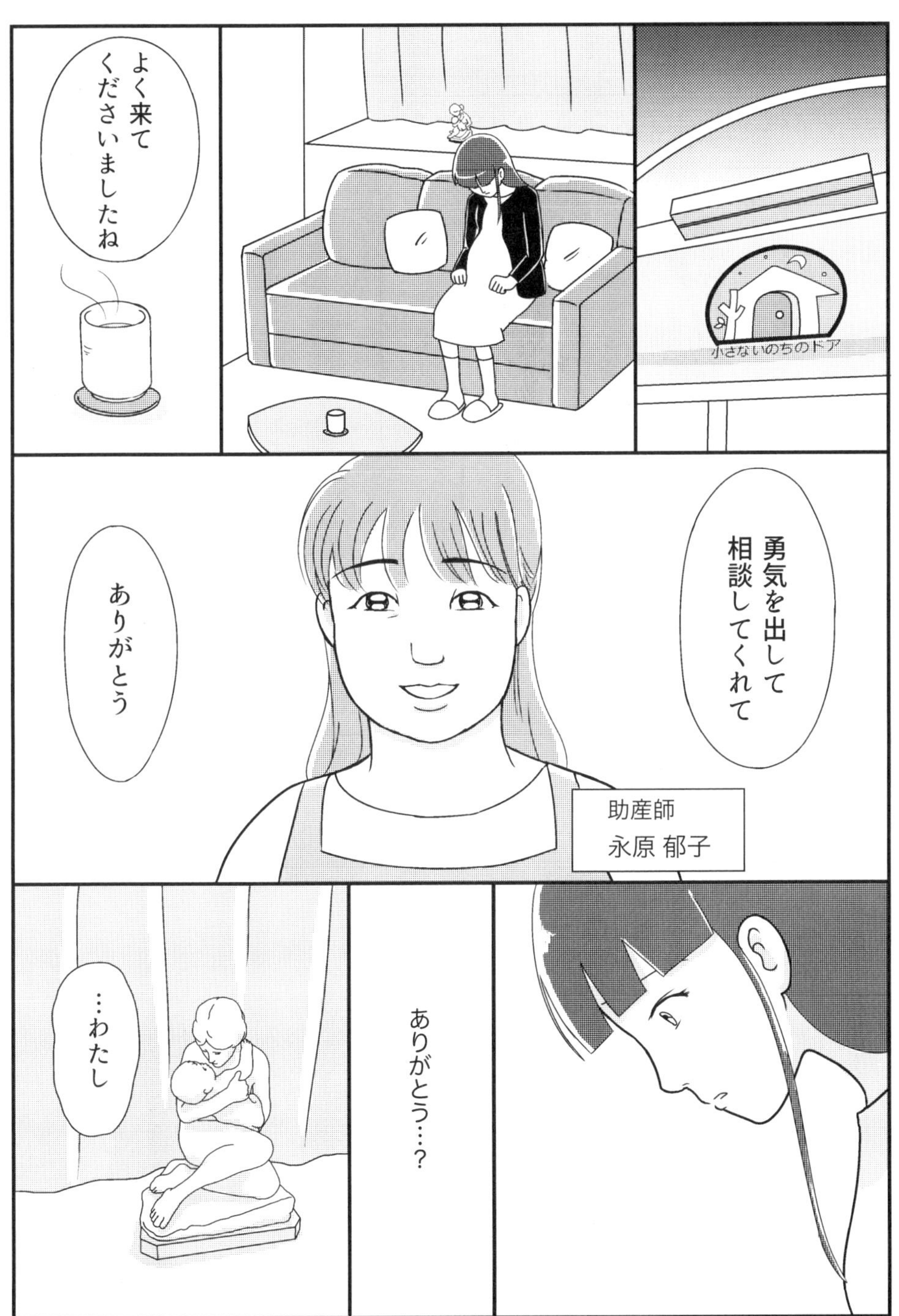
小さないのちのドア
よく来てくださいましたね
勇気を出して相談してくれて
助産師
永原 郁子
ありがとう
ありがとう…？
…わたし

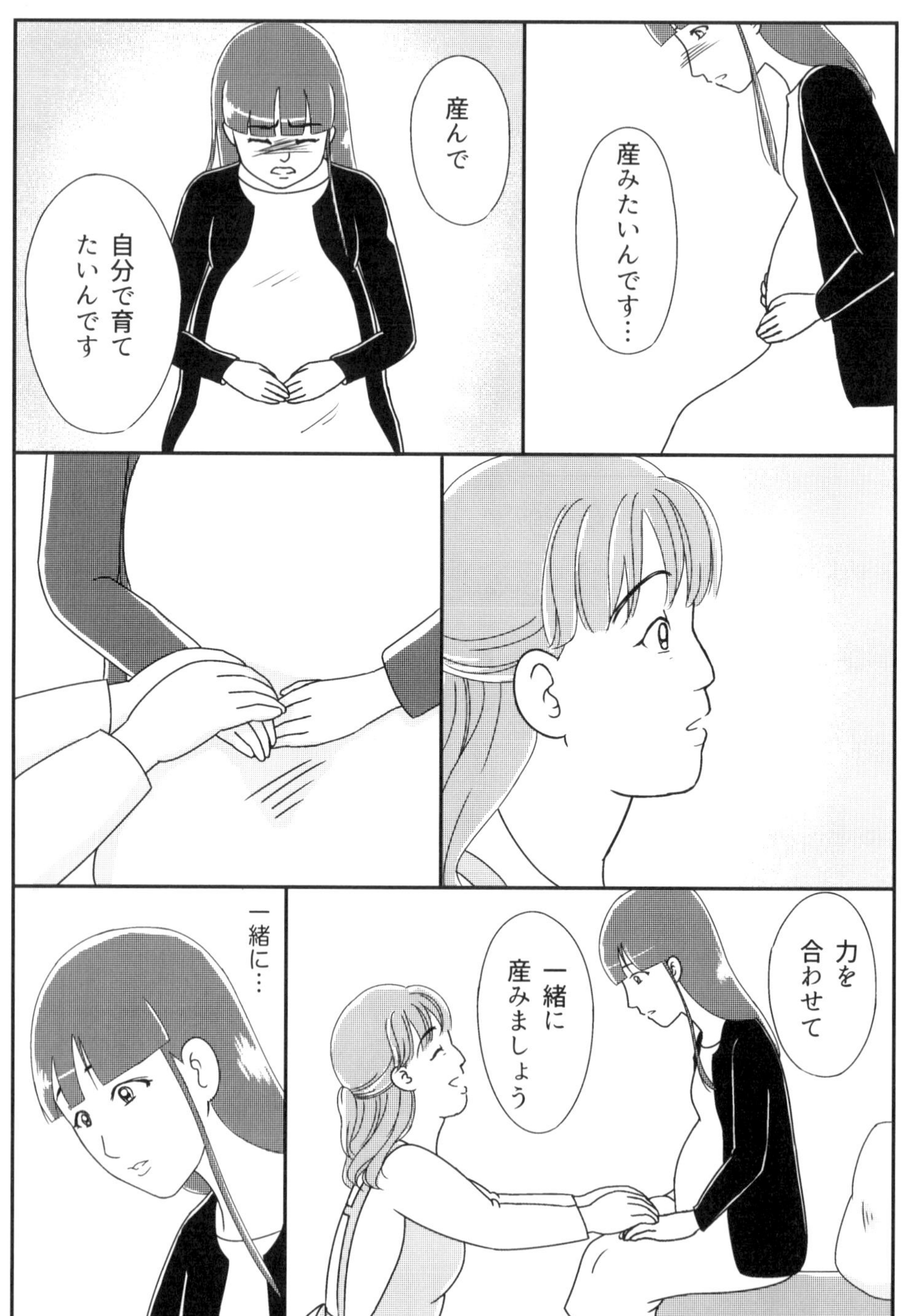
産みたいんです…
産んで
自分で育てたいんです
力を合わせて
一緒に産みましょう
一緒に…

はい
そのお母さんは家賃が払えていなくて
保健師
西尾和子
アパートを引き払わないといけないんです
母子なんですが
赤ちゃんはまだ生まれてないんです
お腹の中なんです
え？ それじゃダメって…
それでも母と子には違いないんですよ
妊婦をサポートしなかったら
生まれるものも生まれないじゃないですか！
ガチャッ
数日後
次あたってみましょ
しばらくはここがかなさんのお家よ
えっ？
ここが?!

スタッフの家族が使っていない家を貸してくれることになった
かなさんの部屋のもの運んでこよ
介護施設に働き口ありそうだよ
本当ですか?!
ありがとうございます!!
ほら
赤ちゃんすくすく大きくなってるわよ
ほんとだ…

そして…
かなさん いよいよね
もうすぐ赤ちゃんに会えるよ
う…
いたい…
赤ちゃん下りてきてるよ！
かなさん 大丈夫
赤ちゃん生まれておいで〜
うっ…
上手よ〜
頑張ってくれてありがとね
赤ちゃん
こっちだよ！ほらもう少し！

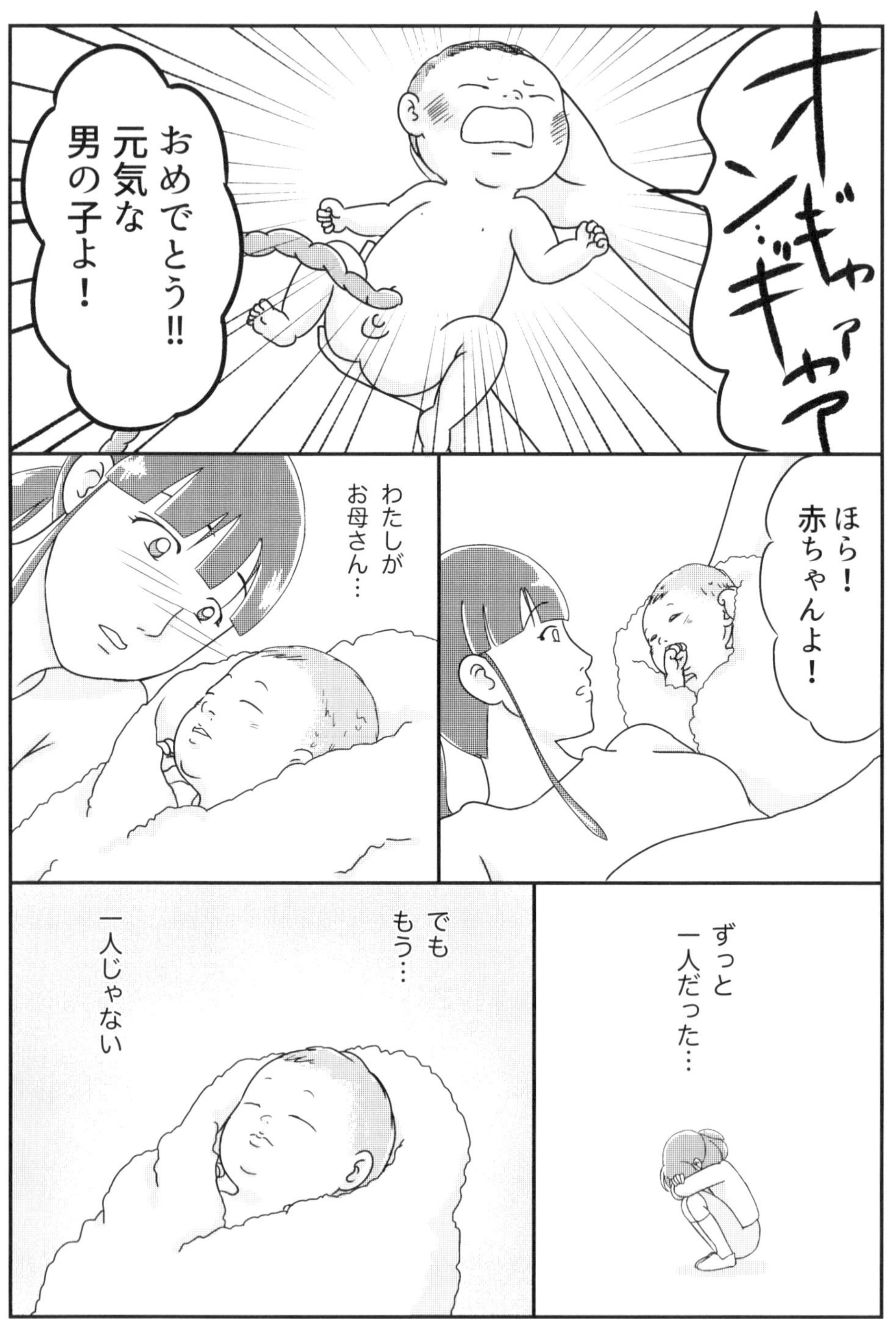
オンギャァギャァ
おめでとう!!
元気な
男の子よ！
ほら！
赤ちゃんよ！
わたしが
お母さん…
ずっと
一人だった…
でも
もう…
一人じゃない

一緒に
生きていこうね
おっぱいを飲む時間は
赤ちゃんにとってお母さんとの大切なスキンシップの時間なのよ
頭をしっかり支えてね
そうそう
きゃっ！
ピュー
退院の日
本当に
ありがとうございました
赤ちゃんのオシッコはきれいきれい
あははは
男の子のママの洗礼ね

なんだか
実家みたい
いつでも
帰っておいでね
行ってきます！

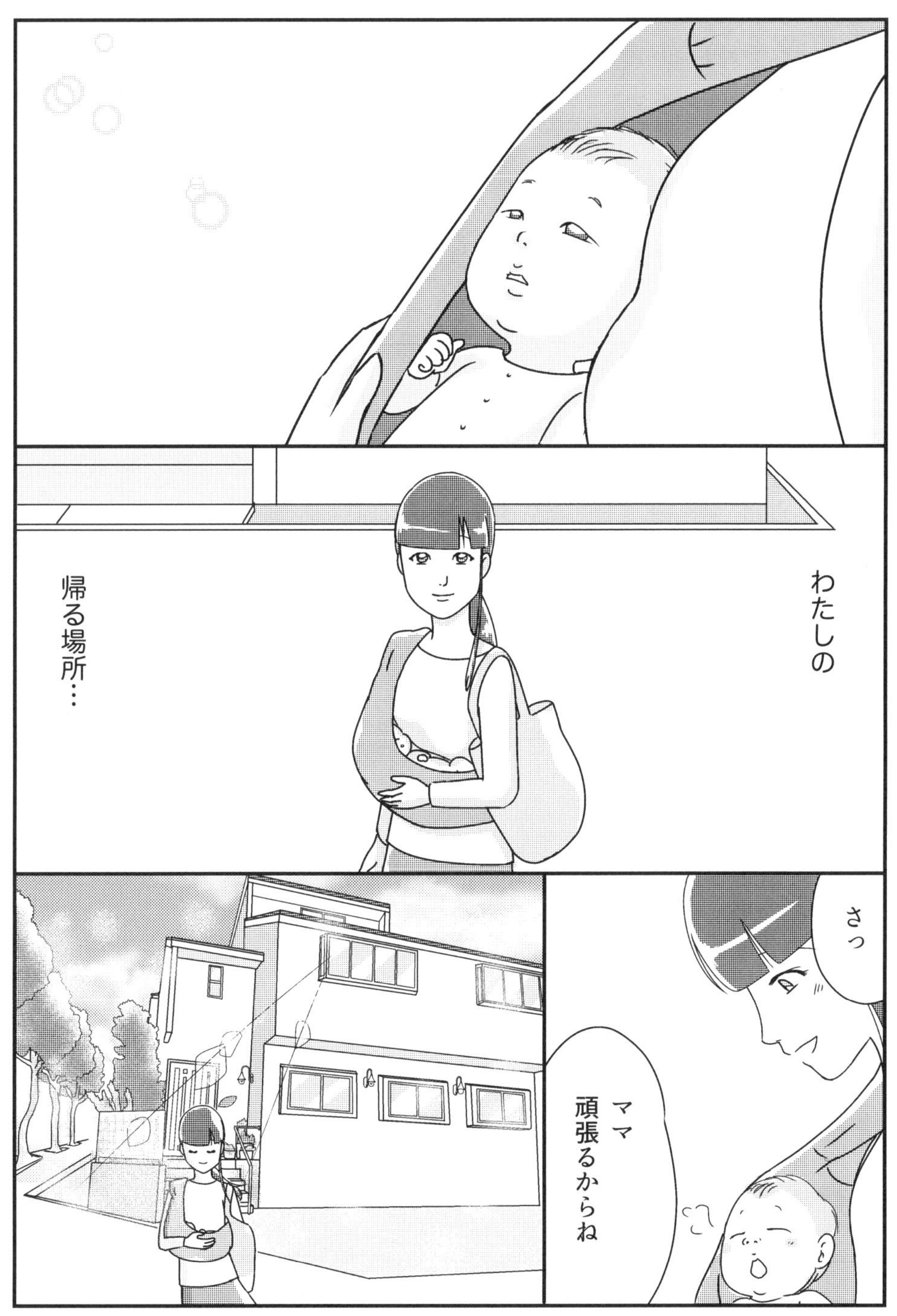
わたしの
帰る場所…
さっ
ママ
頑張るからね

「突然申し訳ございません。ご迷惑でなければ相談にのっていただけないでしょうか……」。そんなかなさん（仮名）からの気遣いにあふれた丁寧な言葉遣いで始まった相談は、拒否され続けて孤独に生きてきた彼女の人生を物語っていました。

小さないのちのドアに寄せられる相談で、「パートナーと音信不通になってしまって……」というものは少なくありません。むしろ、ほとんどがそうだと言っていいほど、男性は責任を逃れようとします。逃げるなら最初から逃げてしまえば女性は期待しないですみますが、「大丈夫、安心して、責任取るから」、そんな言葉でその場をとりつくろい、いつの間にか雲隠れ。SNSでしかつながっていないためにブロックされたら連絡の取りようがない、そんな相談がたくさんあります。かなさんも、まさにその一人でした。

母子家庭に生まれ育ったかなさんにとって、母親はたった一人の肉親でしたが、母親は幼い頃から恋人を作っては家に連れ込むことを繰り返しており、学校から帰ると知らない男性がいるということもしばしば。そんな家は、かなさんにとって安心できる居場所ではありませんでした。

高校卒業とともに家を飛び出したかなさんは、一人でがむしゃらに頑張ってきました。そんな中で出会った男性と恋に落ち、優しくしてくれる彼の存在は彼女の大きな心の支えになっていったそうです。妊娠が分かった時も一緒に喜んでくれ、プロポーズまでしてくれた彼のことを信頼しきっていました。しかし、気づけば連絡がつかない。だまされていたのか？　いや彼に限ってはそんなわけがない……。さまざまな思いを抱き、誰も信じられなくなっていく中で、お腹はどんどん大きくなり、これからへの不安でいっぱいになっていました。そんな時、ネット検索で小さないのちのドアを見つけて、勇気を出して相談の連絡をくれたのでした。話を聞くうちに緊急性が高いと判断した私たちは、ドアへの来所を勧め、かなさんと数日後にお会いすることができました。

来所した時のかなさんは、無理やり笑顔を見せてくれようとしながらも、眉毛が八の字になって、困り感でいっぱいの表情が印象的でした。言葉少なにぽつりぽつりとこれまでの経緯や生まれ育ってきた状況などを話してくれ、一人孤独に耐えながら生きてきたことがうかがえました。

「お腹の赤ちゃんがいることで一人じゃないんだと思えた。この子が一緒にいてくれるなら頑張れる気がする」と、かなさんは育てる決断をしました。

小さないのちのドアに訪ねてこられる方は、「育てられない」ために、思い悩んでいる方が少なくありません。育てられないから中絶するという決断をされる方もおられます。きっと多くの方が「産むイコール育てる」という考え方をしているからだと思います。しかし、私たちは必ずしも「産むイコール育てる」でなくてもいいと考えています。もちろん第一には育てることを考え、女性が自立し、子どもと共に幸せに生活していける選択ができるよう支援していきますが、子どもにとって、女性にとって、どう生きていくことが幸せなのか？　前向きに決断できるまで何度も話し合い、伴走します。

かなさんのように育てると決断した場合は、自立できる道を一緒に探していきます。連携している民間企業や団体の方々につなぐこともあれば、行政につなぐこともあります。出産費用や経済面での心配があれば、行政の制度や、民間であれば円ブリオ基金（コラム7参照）など、使える制度や支援を紹介し、できるかぎり同行支援をして、顔が見える関係でつないでいきます。借金などに困っている方や、法的な手助けが必要な場合は、顧問弁護士に相談し、家族の中での問題があれば、間に入って調整することもあります。

ただ、育てる決断をしても、すぐに生活ができない場合は、状況を整えてから赤ちゃんを迎えるという方法もあります。里親さんや施設の力を借り、一緒に地域で子育てをしながら、借金問題、不倫関係、学業困難など、それぞれの課題に応じて状況を整えたあとに、迎えに行くこともできるのです。

それでも育てられない場合は、特別養子縁組という制度もあります。基準を満たし養親登録された方に託すという方法です。特別養子縁組については、後の「ＣＡＳＥ３」で詳しく述べることにします。

小さないのちのドアでは、これらの問題を、一人ひとりに合ったかたちで丁寧に解決をしていきます。多くの女性が「育てられない」と感じている問題を、一つひとつ紐解いていくと、「産む」決断をされる方は少なくありません。

さて、かなさんの話に戻りますが、かなさんの大きな課題は、経済的な問題と住む場所でした。職場にはすでに退職願を出し、受理されていました。また貯金もない状態だったために、それまで住んでいた住まいの家賃を払うことも困難でした。住む場所と、これから自立していくための就労が必要でした。頼ることのできる人が一人もいないため、出産時のことを考え、こちらの近くに引っ越す方向で話を進めていきました。まずは公的機関である母子生活支援施設を検討しましたが、妊娠期での入所は、妊婦をサポートする仕組みが整っていないため受け入れてもらえませんでした。やむなく、助産院や部屋を貸してくださる方に協力していただいて、産後落ち着くまで住める場所を確保することができました。

仕事も、シングルマザーの就労支援に力を入れている企業に無事就職が決まり、産後落ち着いてからは社宅に入れてもらえることになりました。

こうして状況を整えていく中で出産となり、併設のマナ助産院で、助産師たちスタッフ総出で立ち合い、温かいお産の時間を迎えることができました。産後も、産後ケア事業を活用することで、産前産後の一カ月ほどを助産院に滞在することができました。その間、傷ついた心が少しでも癒えるように、また母性が育まれるように、助産師たちが心を込めてお世話をさせていただきました。

退院の日には、「実家みたい」「帰る場所ができた」と、そんな言葉を笑顔と共に残して助産院を後にしていった姿が忘れられません。

その後は、月に一度面談をしたり、ＬＩＮＥでも時々やりとりをしつつ、地域の保健師にも見守られながら、育児と仕事を一生懸命頑張っています。

退院してから半年が過ぎた頃、久しぶりにかなさんに会うことがありましたが、初めてドアに来た時の表情とは全く違う自然な笑顔で、「大変ですけどね、でも幸せです」、そう答えてくれました。シングルマザーとして生きていくことは大変なこともきっとあるでしょう。それでも、笑顔の奥に見えるたくましさがある彼女は、きっと乗り越えていけると信じています。

卵子に近づくのは 200 ～ 400 程ですが、卵子の殻を突き破って卵子の中に入れるのはたった1つです。これを**受精**といいます。

受精の瞬間、受精卵となった卵子は光を放って輝くことが分かっています。

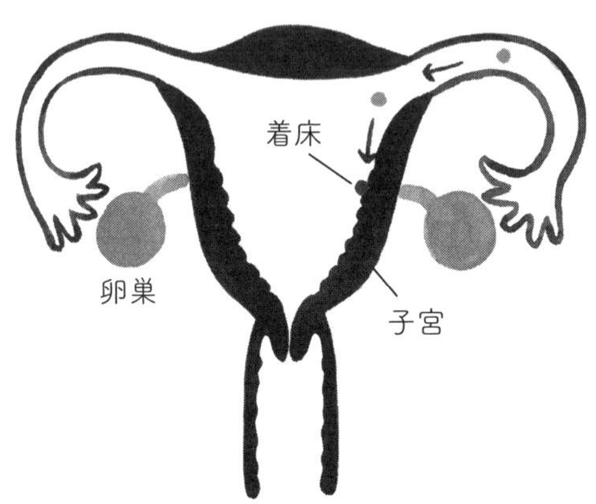

その後の動きは見事です。今まで自分で移動することもできなかった卵子ですが、受精卵となった瞬間、細胞分裂が始まり、**生命のダンスといわれる動き**をしながら卵管から子宮に向かいます。4日目で細胞の塊、桑実胚になり、その後 5 ～ 7 日目で胚盤胞となります。胚盤胞は外細胞膜で覆われており、中にある内細胞塊が胎児に成長する部分になります。

子宮の内膜は排卵後、**分厚く柔らかく着床しやすいように変化します**。胚盤胞はその子宮の内膜に埋もれ、着床します。受精後（排卵後）1 週間、来るべき生理の 1 週間前の出来事で誰もそのことを知ることはできません。

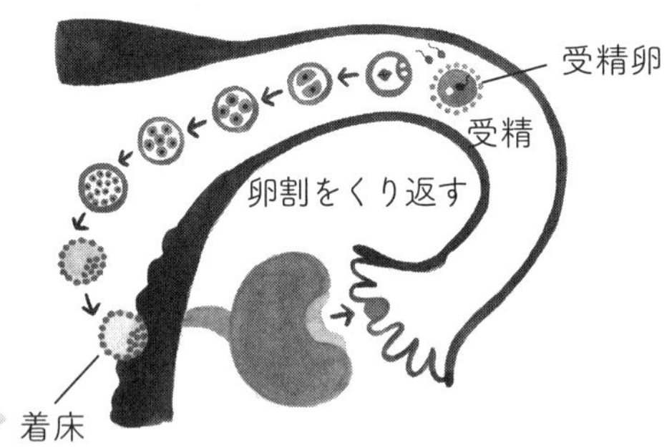

着床時出血

妊娠した人の中には着床時出血を認めることがあります。生理より 1 週間ほど早く、少量、短い期間の出血は着床時出血の可能性があります。出血の 1 週間ほど前にセックスをしたというのであれば、妊娠の可能性も考えて、出血のあった 2～3 週間後に妊娠検査薬でチェックすることをお勧めします。

コラム1 妊娠の話

妊娠は、2つのいのちの元が出会うことから始まります。
いのちの元の1つは**精子**、もう1つは**卵子**です。

卵子は女性が持っているいのちの元で、おおよそ毎月1つずつ卵巣から出ます。これを排卵といいます。卵子は自分で動くことはできませんが、排卵すると卵巣の側にある卵管の動きが活発になり、卵子を取り込みます。

卵子　精子

卵管で精子を
待つのは
24時間弱

0.2㎜　0.05㎜

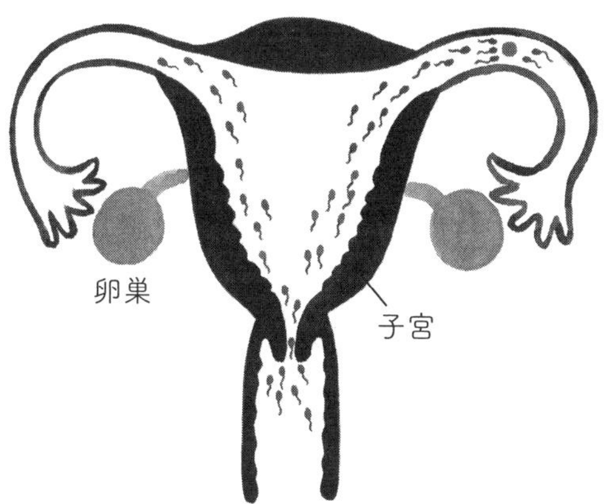

一方**精子は男性が持っているいのちの元**で、精巣で作られ、性的刺激などで尿道を通って外に出されます。これを**射精**といいます。
精子は空気や酸に弱いので、射精をするときはペニスは固く勃起して膣の奥深く、子宮の入口まで挿入します。一度の射精で**2～3億の精子が子宮に入っていきます**。日本の人口が約1億2千万人なので、それ以上の数です。

出会いの場所は卵管です。

精子の長さは 0.05mm。子宮の内腔と卵管の長さを足すと 17cm ですので、**精子は約20cmの距離を移動しなければ卵子に到達しません**。人間の身長で換算すると6km の道のりになります。
さらに過酷なことに、子宮の外に向かって流れがあるので、それをさかのぼるように卵子を目指します。

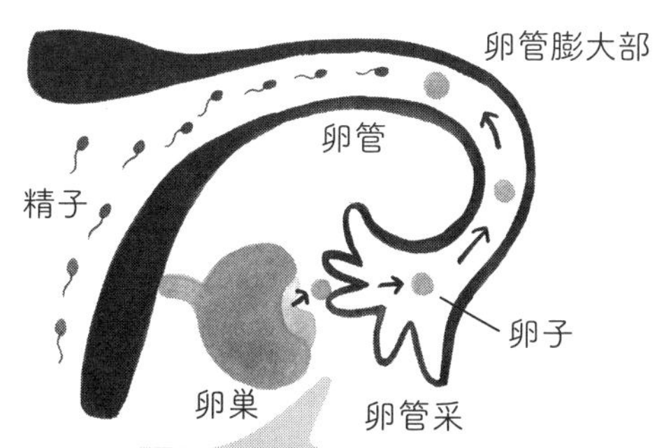

卵子は卵巣から、
ひと月に1個排卵され、
卵管采（らんかんさい）から卵管に入り、
子宮のほうへと動いていく。

IUS（子宮内避妊器具）

子宮内に黄体ホルモンを放出する小さな器具を入れる。お産の経験のない人には不向き。婦人科で処置。最長 5 年で交換する。費用は入れる時に 4 万～5 万円、抜く時に 1 万円前後。

失敗率：0.2％、理想的な使い方 0.2％

膣外射精は避妊法ではない。
挿入だけでも（射精しなくても）精液は子宮に入ることがある。

リズム法 / 基礎体温法

婦人体温計で毎朝体温を測り、わずかな体温の変動をグラフにして自分の排卵時期を知る。（婦人体温計は薬局で購入可）。ただし、体調の変化や生活リズムの変化によって排卵がいつ起こるか判断しにくいときがある。

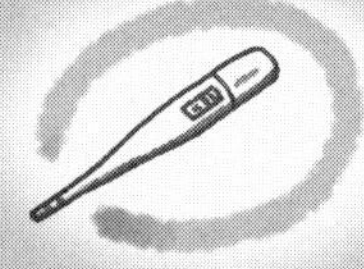

失敗率：頸管粘液法と同等

頸管粘液法

生理の終わった日から膣の分泌物（頸管粘液）を指にとり、分泌量が増え、指の間でよく伸びるようになったら排卵の兆候なので性交は避ける。性交後の精液と間違うことがあるので性交翌日は判断できない。膣のクリームなどを使った場合も判断できない。

失敗率：一般的な使い方 24％、理想的な使い方 0.4～5％

カレンダー法

12 カ月の月経周期の最長周期と最短周期を知る。最短周期から 18 を引き、最長周期から 11 を引く。その間は性交を避ける。

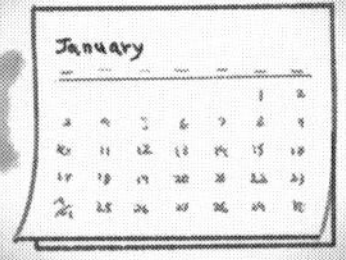

※緊急避妊薬

性交後 72 時間以内に中用量ピルを服用。女性ホルモンを服用することによって排卵、もしくは着床を防ぐ。120 時間以内に飲むタイプもあるが、72 時間ピルのほうが効果が高い。また 72 時間ピルも 1 度だけ飲むタイプと 2 度飲むタイプがある。基本的に婦人科で処方。

失敗率は性交後半日まで 0.5％、半日から 1 日後 1.5％、1 日後から 1 日半後 1.8％、1 日半から 2 日後 2.6％、2 日から 2 日半後 3.1％、2 日半から 3 日（72 時間）4.1％（ピルの種類によって効果は若干異なる）。

コラム2 避妊について

妊娠の成立には、**排卵**すること、**受精**すること、**着床**することの 3 つの条件が必要。これらのどこかを阻止することで妊娠を防ぐことを避妊と言います。避妊にはいくつかの方法があり、メカニズムや失敗率が異なります。（失敗率：100 名の女性が 1 年間使用した場合、妊娠する率）。また、避妊を考えるとき、人はいつ人として認められるのかという大切な問題があります。受精した瞬間を人として考えるなら、着床を防ぐことによる避妊は慎重に考えなければなりません。

コンドーム男性用

薄いゴムの袋をペニスにかぶせて精子が子宮に侵入するのを防ぐ。感染症防止にもなる。

失敗率：一般的な使い方 18%、理想的な使い方 2%

コンドーム女性用

同じく薄いゴム製のものを膣に入れて、精子が子宮に入るのを防ぐ。子宮の入口の所に枠をはめ込むのが難しいかもしれない。あまり一般的ではない。性感染症の予防にもなる。

失敗率：男性用コンドームと同等

低用量経口避妊薬（低用量ピル）

2種類の女性ホルモンを配合した錠剤を毎日同じ時間に服用することによって、①排卵を抑制する。②頸管粘液が濃厚粘稠（ねんちゅう）となり精子の侵入を抑制する。③子宮内膜が薄くなり受精卵の着床を防ぐ。

＊錠剤は毎日飲むタイプのものと 3 週間飲んで1週間休むタイプのものがある。

婦人科で処方、1カ月 2000 ～ 4000 円（初診料、再診料、検査料別途）。病院、診療所等によって異なる。

副作用として静脈血栓（血管内にできる血の塊）ができやすくなる。それが肺や脳、心臓の血管に詰まると重篤な症状を起こし死亡することもある。（1 年間に 1 万人がピルを服用すれば、そのうち9人が血栓を起こす）。その他、服用開始数カ月で吐き気や頭痛が起こることがある。

失敗率：一般的な使い方 9%、理想的な使い方 0.3%

IUD（子宮内避妊器具）

子宮内に小さな器具を入れて着床を防ぐ。お産の経験のない人には不向き。婦人科で処置。2 ～ 5 年で交換する。費用は入れる時に 3 万～ 4 万円、抜く時に 1 万円前後。

失敗率：一般的な使い方 0.8%、理想的な使い方 0.6%

＃CASE 2　十三歳の妊娠

さくらの選択

さくら

中学１年。両親と姉の４人家族。
何でもできる姉に憧れと劣等感を持っている。
会社経営をしている両親に育てられた。
中学受験を頑張って姉と同じ私立中学に通うことになったが、友人関係や勉強でもうまくいかず悩んでいた。

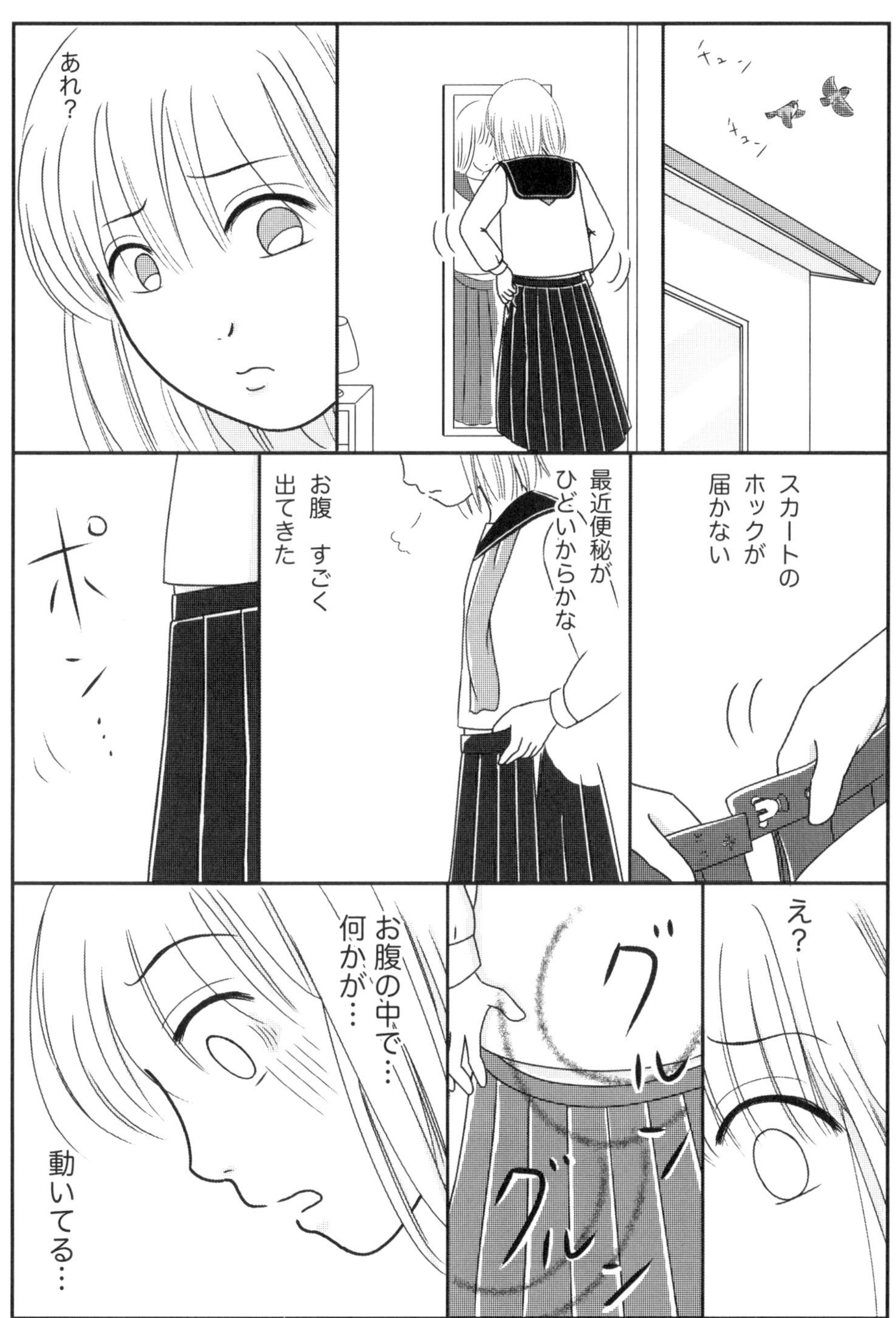
チュン
チュン
あれ？
スカートのホックが届かない
最近便秘がひどいからかな
お腹　すごく出てきた
ポン…
え？
グルン
グルン
お腹の中で…何かが…
動いてる…

去年の夏ー
ドーン
ドドド…ン
わー
すごい人
見えない
ねー
ここから
見えるよ
高校生…
ありがとう
ございます
中学生？
え〜
K女？
お嬢
じゃん！
K女って
いったって
お姉ちゃんみたいに
勉強も部活も
ちゃんとできてる
わけじゃないしな…

LINEを交換して時々会うようになった
付き合わない？
…うん
高校生の彼氏♡
お姉ちゃんより先に彼氏ができた♡
お邪魔します
今日 親帰ってくるの遅いから

あ…どうしよ
一回くらい
大丈夫…
だけど
うまくいかない
ことが増えて
結局
すぐ別れた
そんな…
うそ…
あの
時に?!

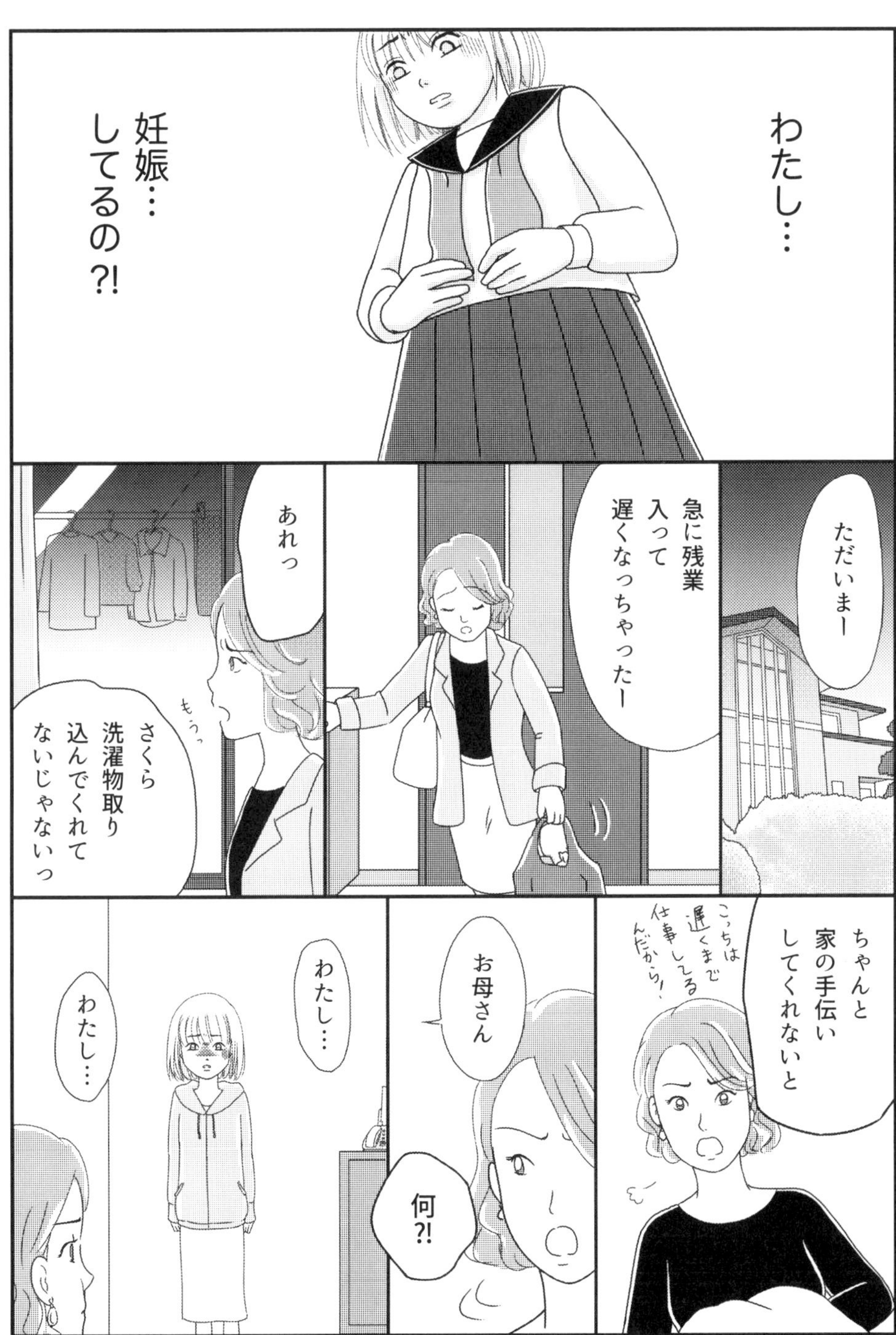
わたし…
妊娠…
してるの?!
ただいまー
急に残業
入って
遅くなっちゃったー
あれっ
さくら
洗濯物取り
込んでくれて
ないじゃないっ
もうっ
ちゃんと
家の手伝い
してくれないと
こっちは
遅くまで
仕事してる
んだから!
お母さん
何?!
わたし…
わたし…

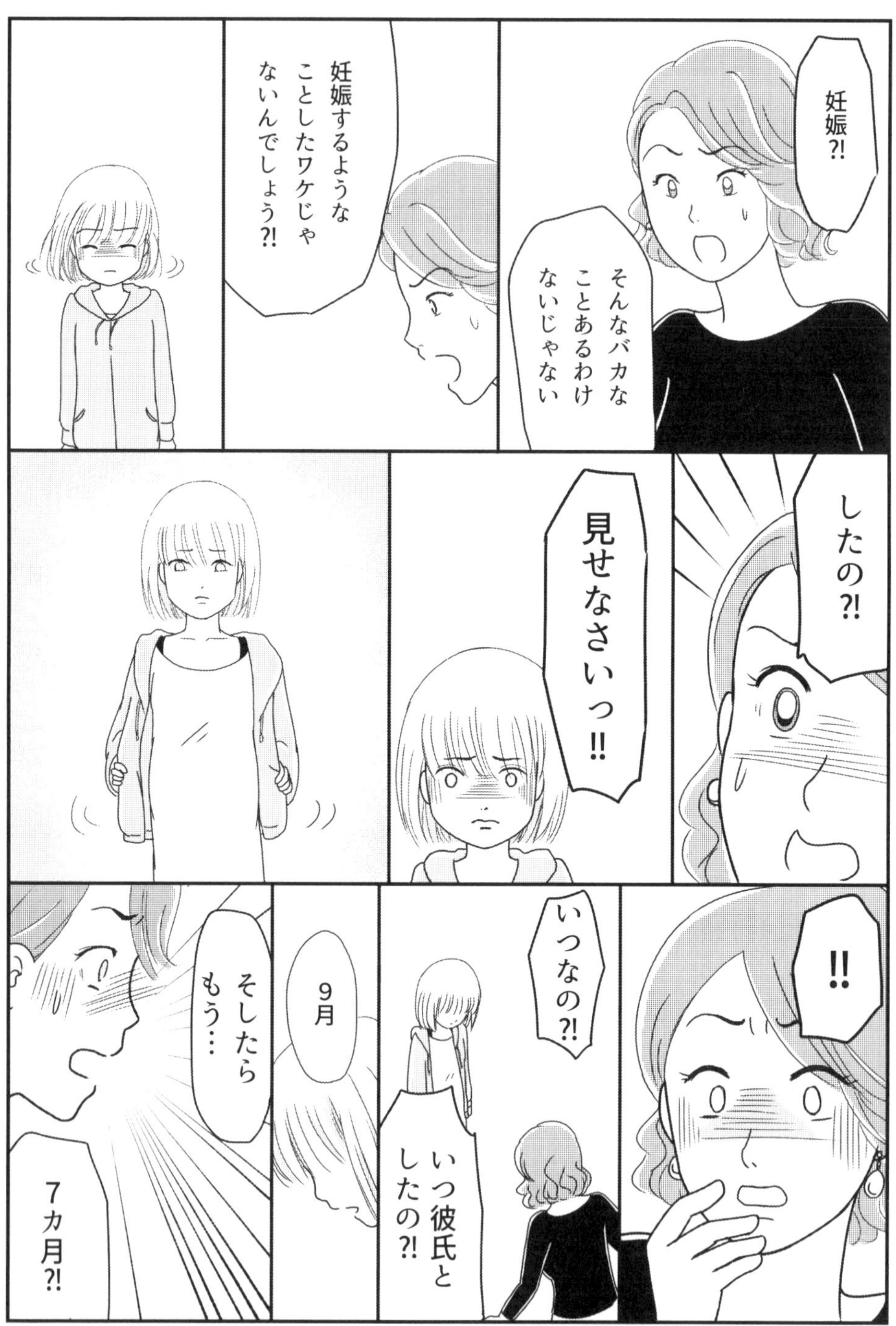
妊娠?!
そんなバカなことあるわけないじゃない
妊娠するようなことしたワケじゃないんでしょう?!
したの?!
見せなさいっ!!
!!
いつなの?!
いつ彼氏としたの?!
9月
そしたらもう…
7カ月?!

ガク…
一体
何ということをしてくれたの…
ただいまー
どうしたの？
何でこんなことになるんだ!!
将来が台無しだ!!
一体どんなしつけしてきたんだ!!
お前は母親だろう?!
人のせいにしないでよ！
相手の男はどこのどいつだっ
高校生でもう別れたって言うんですから…
さくら何やってんの?!
ほんと恥ずかしい信じらんない

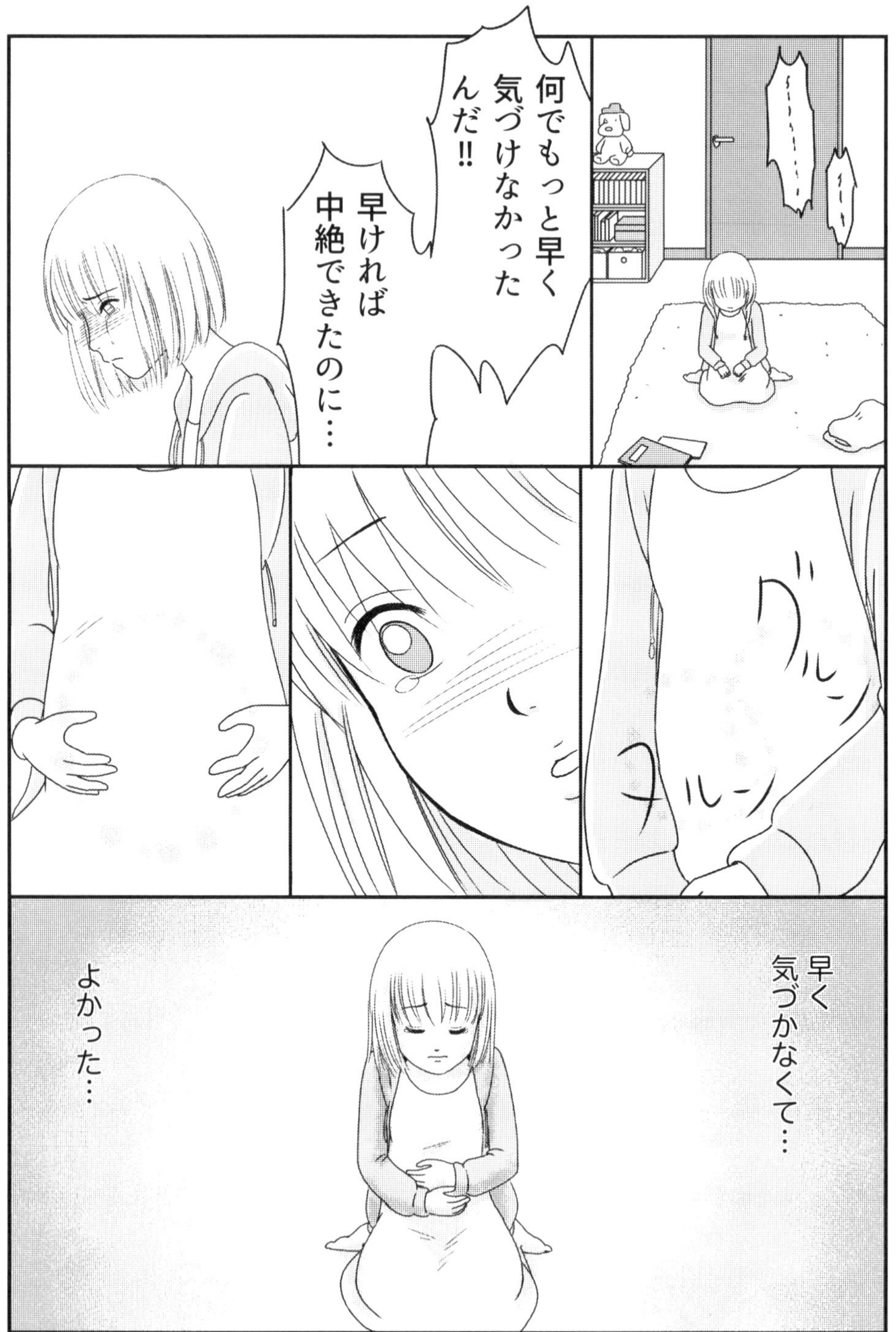
何でもっと早く
気づけなかった
んだ!!
早ければ
中絶できたのに…
早く
気づかなくて…
よかった…

小さないのちのドア…？
前にニュースで見たのよ
そこに相談に行くしかないわ
最終月経日とエコーの感じですと
28週くらいだと思います
ほんとに赤ちゃんがいるんだ…
ああ…
もう産むしか選択肢はないのですね

そうですね…
中絶できる時期は過ぎています
子どもが子どもを産むなんて…
わたし育てたい!
赤ん坊はお人形じゃないのよ!!
赤ん坊を育てるのは簡単じゃないの!!
さくらにできるわけないじゃない!!
お父さんもお母さんも責任ある仕事してるの!
仕事休んで育てるの手伝えっていうの?!
第一親戚やご近所がどう思うか…
人の目なんか…
自活もできてない中学生が言えることじゃないでしょう!!

お母さん
お気持ち
よくわかります
娘さんと赤ちゃんのために
一緒に考えさせてくださいね
どーぞ
ありがとうございます
あの子の人生は
一体どうなってしまうんでしょう…
赤ちゃんを自分で育てたいって思える強さを
持っているお嬢さんですよ
きっと色々な困難を
乗り越えていけるはずです

夫と話し合ってみますが
うちでは育てられないと思います
養子縁組のことさくらさんにお伝えしてみましょう
絶対嫌です！
わたしが育てます
さくら…
さくらさんの気持ち聞かせてくれてありがとう
さくらさんは
赤ちゃんのお母さんだものね
赤ん坊を育てて
一体どうやって学校に通うんだ
学校より赤ちゃんのほうが大事に決まってるじゃない!!

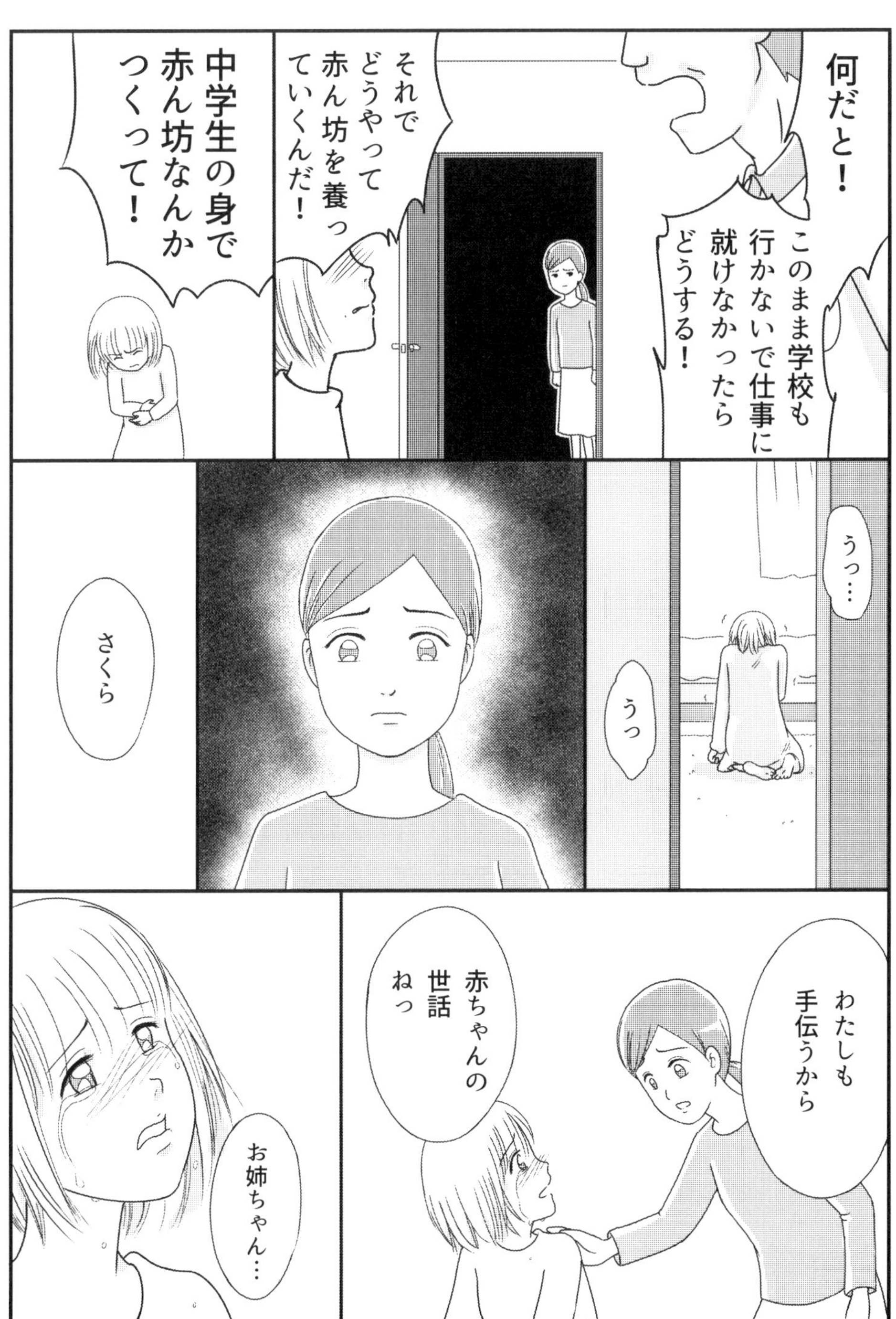
何だと！
このまま学校も
行かないで仕事に
就けなかったら
どうする！
それで
どうやって
赤ん坊を養っ
ていくんだ！
中学生の身で
赤ん坊なんか
つくって！
うっ…
うっ
さくら
わたしも
手伝うから
赤ちゃんの
世話
ねっ
お姉ちゃん…

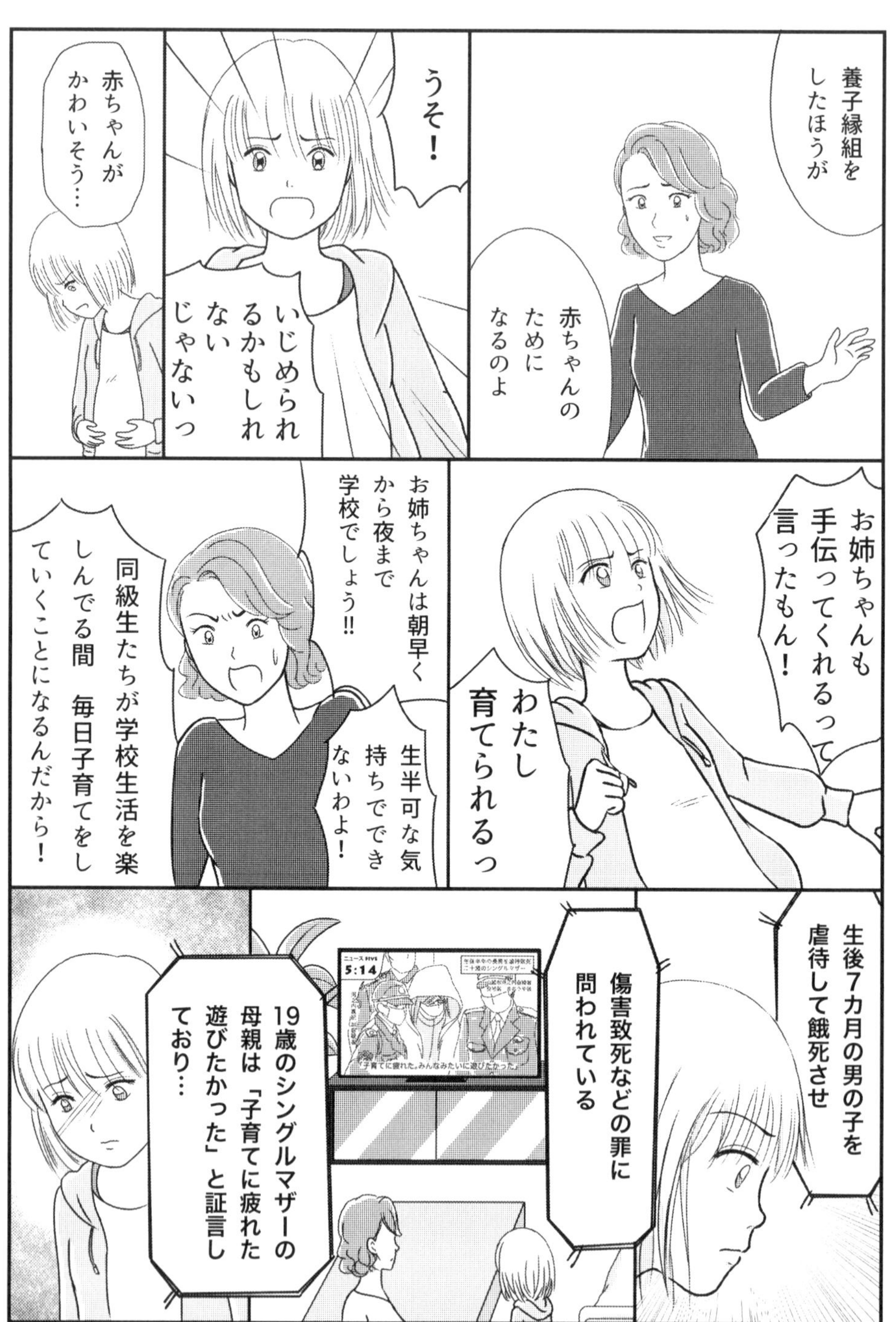

養子縁組をしたほうが
赤ちゃんのためになるのよ
うそ！
いじめられるかもしれないじゃないっ
赤ちゃんがかわいそう…
お姉ちゃんも手伝ってくれるって言ったもん！
わたし育てられるっ
お姉ちゃんは朝早くから夜まで学校でしょう!!
生半可な気持ちでできないわよ！
同級生たちが学校生活を楽しんでる間　毎日子育てをしていくことになるんだから！
生後7カ月の男の子を虐待して餓死させ
傷害致死などの罪に問われている
19歳のシングルマザーの母親は「子育てに疲れた遊びたかった」と証言しており…

ご両親とさくらさん
少し距離を置く期間をもってみてはどうでしょう？
ご両親さえよければ…さくらさん
一週間くらいここマナ助産院で過ごしてみない？
少し気持ちの整理ができるかもしれません
出産ってすごく大変なんですよね
ものすごく痛いんでしょう？
お腹を痛めて産むんだし自分で育てたい

それに赤ちゃんがお母さんに捨てられたと思ってつらい思いするかもしれない
本当のお母さんに育てられるほうが幸せに決まってるもん
赤ちゃんのことよく考えているのね
ママに大切に思ってもらって赤ちゃんも喜んでるね
幸せっていろんな形があるのかもしれませんよ
血のつながっていない親子で強い絆で結ばれた幸せな人はたくさんいるんですよ
小さないのちのドアで紹介する特別養子縁組はね…
赤ちゃんが将来
「わたしには〝産んでくれたお母さん〟と〝育ててくれたお母さん〟二人のお母さんがいるんだ」って
肯定的にとらえられるように育ててもらえる…
そんなご家庭に赤ちゃんを託してくれる民間団体にお願いしているんですよ

そうなんだ…
生みの親が
別にいることは
隠して育てる
ものなんだと
思ってた…
たしかに…
血がつながってなくても
愛情いっぱい育てて
もらえたら
隠す必要なんて
何もないの
かもしれない
こんにちは
1カ月健診
ですね
少しお待ち
くださいね
ずいぶん
大きくなった
わよねえ
ほら
パパのこと
じっと見てる
あーちゃんの
ことも見てる！
はいはい
あはは
……
永原先生

わたしが育てたら
赤ちゃんが
大きくなった時に
お父さんが
いないことで
辛い思いすると思う
お母さんの
年齢とか
この子のことを
考えたら
わたしが
育てるより
お金もママもパパ
もそろってる
お家で育つほうが
幸せだと思う
だから…
特別養子縁組に
してください…
赤ちゃんを
大切に育てて
くれる方に
託そうと
決心したのね…
何
書いてるの？
赤ちゃんに渡せる
ように日記書いて
るの

エコー写真のアルバムも作ってるの
わーかわいく作ったね
きっと赤ちゃんの宝物になるね
何読んでるの？
赤ちゃんの名前考えてるの
赤ちゃんのしあわせ名前
そんなことより勉強したらどうだ?!
一体どれだけ勉強が遅れてると思ってるんだ！
……
出産は低年齢でハイリスクとなるため病院での出産となった
県立総合病

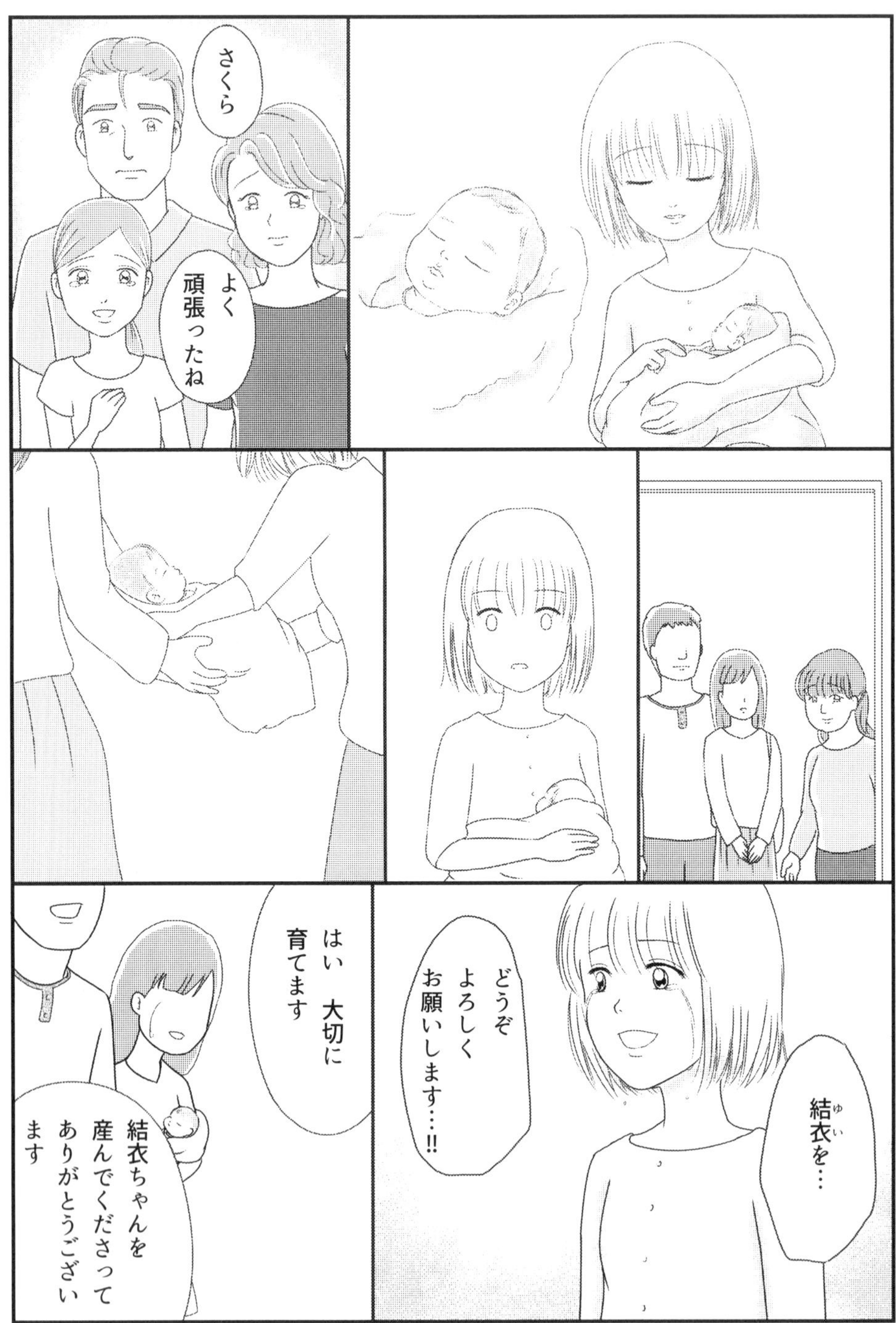
さくら
よく
頑張ったね
はい　大切に
育てます
結衣ちゃんを
産んでくださって
ありがとうございます
どうぞ
よろしく
お願いします…!!
結衣を…

それからさくらは公立中学に転校した
お父さん
お母さん
わたし
勉強頑張る
勉強頑張って
助産師になる
ああ頑張れ
甘くない道だぞ
うん！
いつか大きくなった結衣に会えたら
行ってきます
ママ一生懸命頑張ってきたよって
胸張って言えるような人生にするから…！

辺りが暗くなりかけた夕暮れ時に、お母さんに連れられてドアを訪れたさくらさん（仮名）。部活帰りなのか体操服姿があどけない小柄なお嬢さんで、とても妊娠しているとは思えませんでした。しかし、助産院の診察室のベッドに横になって服をたくし上げると、おへその上までまん丸くお腹が盛り上がっていました。超音波で見ると、しっかりと育った胎児の姿が確認でき、その大きさと最終月経から計算すると、妊娠二十八週くらいになっていました。

この時期のお腹の中の赤ちゃんは、超音波で見ると体をのけぞらせたり、手足を動かして活発に動いています。肋骨に守られた心臓がパクパクと拍動をし、まるで私たちに「元気だよ」と教えてくれているようです。

さくらさんのお腹の赤ちゃんも、指を吸ったり、一生懸命頑張っている姿が確認でき、赤ちゃんが動くたび、さくらさんも笑顔になっていました。「よくここまで一人で頑張ってきたね」と声をかけると、緊張した面持ちでこっくりとうなずきました。「お母さんによく言えたね」と言うと、その目にはぴかりと涙が光っていました。言葉にできない感情が、胸の中にいっぱいになっているのが感じられました。一方で、そばにおられたお母さんは、何とも言えない険しい表情で様子を見ていました。

さくらさんは両親と姉との四人家族で、お父様は会社を経営しており、経済的には恵まれたご家庭でした。二つ上のお姉さんは、整った顔立ちで成績もよく、さくらさんの憧れの存在でした。小さい時から事あるごとに比較されてきたため、姉に対して少なからず劣等感を持っていました。さくらさんはお母さんに認めてもらいたくて、猛勉強をして中学受験にチャレンジし、無事合格。この春から、お姉さんと同じ私立の中学校に通っているとのことでした。
超音波検査の他に血圧や尿検査などをして、分かる範囲で異常がないことを確認した後、面談の部屋に移動しました。話し合いが始まると、お母さんは怒りを爆発させるように、さくらさんの日常の態度や、学校での生活態度で先生に呼び出された時のことなど、さくらさんの子育てがどんなに大変だったかを次から次へと話されました。その間、さくらさんはうつむいて涙をためながら、何一つ反論せず聞いていました。お母さんはひとしきり話したあと、「それで、赤ちゃんは中絶できるんですよね」と私たちに聞かれましたが、中絶できる時期を過ぎていることを伝えると、「じゃあ、どうしろと言うんです。この子はまだ子どもなので育てることなんかできません。私も会社を手伝っています。何よりもこんなことが世間や親戚に知れたら何て言われるか……。姉の結婚にも支障をきたします」と頭を抱えておられました。

さくらさんは、希望していた中学に入学したものの、友人関係や勉強がうまくいかずに悩んでいた時に、たまたま知り合った高校生の男の子とたった一度の関係を持った結果の妊娠でした。もともと生理不順だったり、一度きりの関係ということもあり、まさか妊娠しているとは思っていなかったそうです。ところが数カ月後、下腹が膨らんできて、中で何か動くのを感じ、妊娠の事実に目を向けざるを得なくなりました。しかし、その時にはすでに相手の男子高校生とも連絡は取れず、黙っていることもできなくなり、お母さんに相談したのでした。お母さんが以前にテレビで、小さないのちのドアの特集を見たことを思い出して、ドアに電話をくださいました。

「赤ちゃん、どうしたいと思っているの？」私たちがさくらさんに聞くと、「育てたいと思っている」と答えが返ってきました。お母さんは被せるように、「育てられるわけないでしょう」と言われましたが、「私がお腹を痛めて産むんだから、自分で育てる」とさくらさんは目を潤ませながらもきっぱりと言いました。私たちは、さくらさんの育てたいという思いも大切にしたかったので、ご両親の協力があれば中学生のさくらさんが育てる方法もあることを伝えつつ、お腹の中で赤ちゃんを育てるのはさくらさんしかできませんが、生まれたあとは他のご家庭に子育てを託すという「特別養子縁組」の道があることもお伝えしました。そして、できるだけ早く母子手帳を取りにいくことと、病院を受診する必要があることを説明し、周産期センターに予約を取り、行政の窓口にも同行して出産に向けて整えていきました。

その後、何度か小さないのちのドアにご家族と共に来られて、私たちも交えて家族会議を持ちました。「育てると言うなら勘当だ」といった、お父さんの厳しい声が飛ぶこともあり、話し合いは平行線をたどっていました。一方で赤ちゃんはどんどん成長し、さくらさんが制服を着られなくなったのを機に、学校には病気のためにしばらく欠席すると伝えました。家では両親から外出を禁じられていたため、気分転換もかねて、ゆっくり助産院で過ごしてもらうことになりました。その中でお話しするうちに、さくらさんは、「もし私が育てたら、この子が大きくなった時にお母さんの年齢のこととか、お父さんのこととかでつらい思いをすると思う。この子のことを考えたら、自分が育てるより、お金もママもパパもそろってるお家で育つほうが幸せだと思う」と、育てたいという自分の気持ちより、赤ちゃんの幸せをいちばんに考えるようになり、自分自身で特別養子縁組を選択することを決めました。

陣痛が始まったのは早朝のことでした。ご家族に見守られながら、無事に出産となりました。少し小ぶりのかわいい赤ちゃんは、さくらさんによく似た女の子でした。出産を終えたさくらさんの笑顔は誇らしげで、ご家族も赤ちゃんを抱かれると、何とも穏やかな表情になって赤ちゃんを見つめておられました。

赤ちゃんは、さくらさんの名前から一字取って名づけられました。生後五日目、さくらさんは、ドアに訪れたあの日からずっと書き続けてきた日記と赤ちゃんのアルバムと共に、赤ちゃんを新しいご家族に託しました。

後日、ご家族と挨拶にきてくれた際、自分のこれからすべきことを見据えて前を向いているさくらさんの表情がとても印象的でした。いつか成長した赤ちゃんに会った時に、「お母さん、あなたに会えるのを楽しみにしながら一生懸命生きてきたよ」と言えるような自分になりたいと、そして助産師になるという将来の夢ができたと語ってくれました。

私たちは相談を受けている中で、どのように選択をしたらいいのか悩まれている女性に、いちばん小さい立場にある者が幸せになれる道を考えてみることは、一つの間違わない選択の方法で、そのように少し視点を変えて考えてみては、とアドバイスすることがあります。時にハッと気づかされて、答えが見えてくることがあります。

どのような答えであっても、赤ちゃんの幸せをいちばんに願って一生懸命に出した答えはきっと間違いではなく、笑顔につながる道なのだと感じています。さくらさんの赤ちゃんも、二人のお母さんからのスペシャルな愛を受けて、今もすくすくと成長しています。

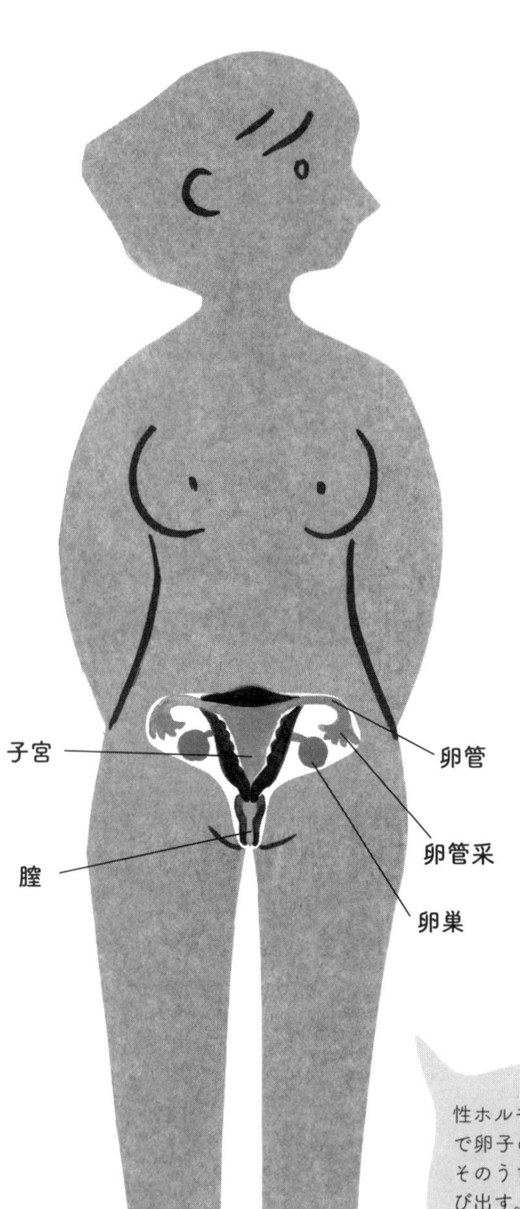

大まかな目安として、**一番短い周期から 18 日を引いた日から、一番長い生理周期から 11 日を引いた日の間のいずれかの日に排卵していると考えることはできます**。例えば、最も短いときが 25 日、最も長い生理周期が 35 日であれば、生理の初日から 7 日目から 24 日目までの間に排卵する可能性が高いです。（絶対ではありませんが……）。この方法を避妊に使いたいのなら、この周期の女性にとって比較的妊娠しにくい日は生理が始まって 7 日まで（**生理中は粘膜が弱く感染のリスクが高いのでセックスは避けます**）と、24 日から次の生理までということになります。

全員ではありませんが、排卵の時にチクッとした痛み、またはにぶい下腹部痛を経験したことがあるかもしれません。これは卵胞が破れて出てきた卵胞液が腹腔を刺激する痛みと言われています。ホルモンの急激な変化のために少量の出血がある人もいますが、問題ありません。ただし、症状が強いときは病気が隠れていないか婦人科で診てもらうことをお勧めします。

性ホルモンの働きにより卵巣の中で卵子の元のいくつかが成熟し、そのうちの1つだけが卵巣から飛び出す。これを「排卵」という。

コラム3 排卵について

卵子は胎児の時に約 700 万個作られ、誕生時に約 200 万個に減ります。初潮を迎える時には 20 ～ 30 万個になります。卵子は新たに作られることはなく**卵子の年齢は、その人の年齢と同じ**です。

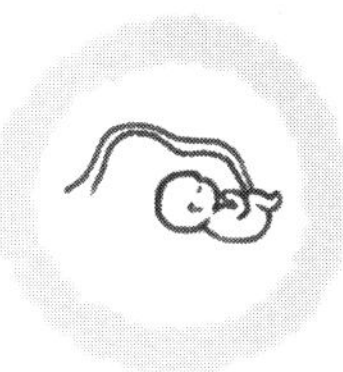

約 700 万個

20～30 万個

卵巣の中では常にいくつかの卵子が発育していますが、脳からの卵巣刺激ホルモンの働きで、ちょうどのタイミングで成長している卵子の 1 つが選ばれます。すると、その卵子だけが女性ホルモン、エストロゲン（卵胞ホルモン）を出すようになり、他の卵子の成長は止まります。エストロゲンの量がピークに達すると、脳から女性ホルモン、プロゲステロン（黄体ホルモン）が大量に分泌され、その分泌が始まって 36 時間ほどで排卵します。

不妊治療などでは、卵子の大きさやホルモン量を測って排卵を予測するのですが、一般的にはこの排卵がいつ起こるかを予測することは大変難しいことです。

確実に言えることは、**排卵してから約 14 日後に生理がおこります**。ですから、生理が始まったら、その日から逆算して 14 日前に自分の卵巣から 1 個の卵子が排卵されたということは言えます。しかし、**前もって排卵を特定することはできない**のです。生理と生理の間が長いときと短いときでは排卵するタイミングはずれます。たとえいつも同じ周期で生理がくる女性でも、**環境の変化や精神的なストレスなどで突然生理周期が乱れることがあります。**

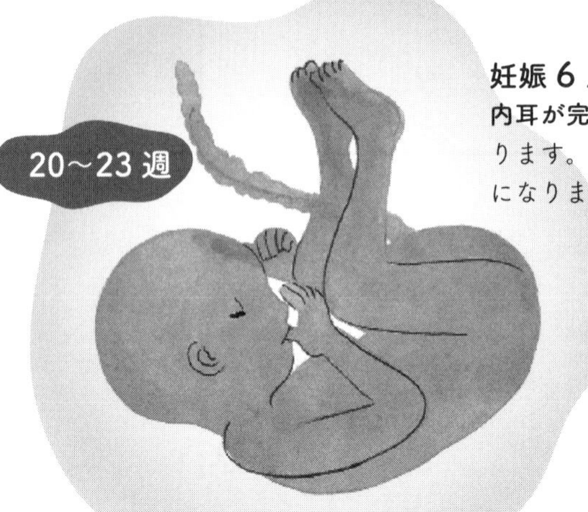

妊娠 6 カ月（妊娠 20 〜 23 週）
内耳が完成して外の音が聞こえるようになります。母親の声や心臓の音が分かるようになります。

妊娠 7 カ月（妊娠 24 〜 27 週）
五感が発達してきます。**指を吸う**ことができます。

妊娠 8 カ月（妊娠 28 〜 31 週）
骨格がほぼ完成し、**筋肉や神経の動きが活発**になります。

妊娠 9 カ月（妊娠 32 〜 35 週）
皮下脂肪が充実してふっくらとしてきます。**肺の機能が整います。**

妊娠 10 カ月（妊娠 36 〜 39 週）
体を覆っていた胎脂も皮膚に吸収され、**髪の毛や爪も伸びてきます。**

コラム4 胎児のこと

「**まだ赤ちゃんの形になる前の塊のときに中絶がしたいのですが……**」。こんな相談を受けることがあります。

おっしゃっている気持ちはわかりますが、**妊娠に気づいた頃にはすでに心臓や脳、目や耳などの大切な臓器が作られはじめます。**

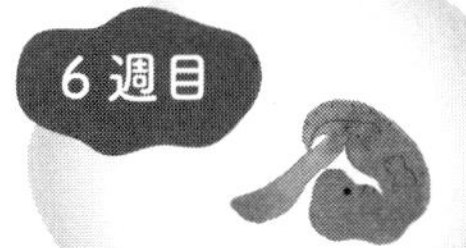

生理がこないなと思って 2 週間もすれば、超音波の画像で心臓が動いているのを見ることができます。妊娠歴で言うと**妊娠 2 カ月**（**妊娠 4 週〜 7 週**）のことです。

生理がこないなあと思って 1 カ月もすれば 3 頭身となり、**顔つきや手足を動かしている**のを超音波で見ることができます。手を振っているように見えたり、**ふわふわ気持ちよさそうな動き**を見せてくれます。

妊娠 3 カ月（**妊娠 8 週〜 11 週**）の頃の赤ちゃんです。そして初期の**人工妊娠中絶はこの 6 〜 9 週頃に行われることが多い**のです。

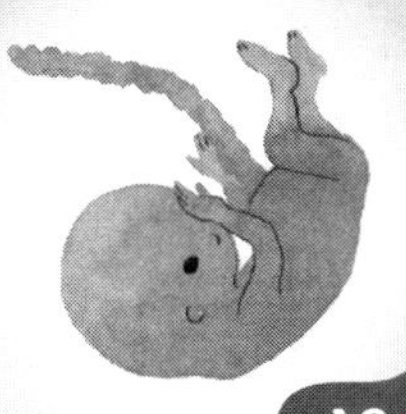

妊娠 4 カ月（**妊娠 12 〜 15 週**）になれば胎盤が出来上がり、**内臓の形成がほぼ完成**し、**男女の性別が明らか**になります。

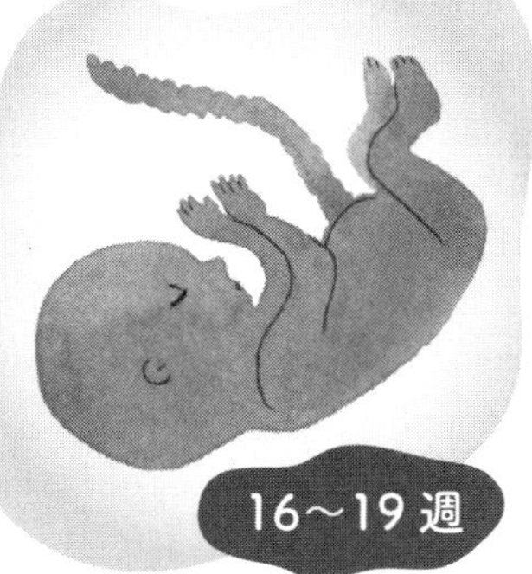

妊娠 5 カ月（**妊娠 16 〜 19 週**）頃の赤ちゃんは、骨格もしっかりしてきて、子宮の中で動くとそれが外にも伝わってきます。胎動といいます。
初めは小魚がピチピチとはねているような感じ、または空気がモコモコと動くような感じで、「おや？」と思っていると頻度が増してきて、「あ〜赤ちゃんが動いているのか」と分かるようになります。
脳も発達し、**記憶装置が働き始める**のもこの頃と言われています。

胎児の人権宣言

お腹の中の赤ちゃんは人間です。
それもお母さんのものでも、お父さんのものでもない、固有のいのちです。
誰をしても子のいのちを奪うことはできません。
1991 年 4 月 27 日に上智大学で開催された
国際生命尊重会議で胎児の人権宣言が採択され、
この日は「世界生命の日」として制定されました。

前文

人間はひとりひとりが、受精の瞬間から自然死にいたるまで、生来の尊厳と固有の価値を有するので、今日我々は公に以下の六ヶ条の宣言に同意する。

第一条

我々は、胎児ひとりひとりが、受精以後の発育のすべての段階において、人間であるという科学的事実を確認する。

第二条

我々は、本宣言に定められている権利を、人種、胎児齢、性別、国籍、宗教、社会ー経済的出自（生まれ）、障害の有無、その他のいかなる理由によっても差別することなく、尊重する。

第三条

我々は、胎児が、1948 年の国連の人権宣言に述べられている胎児以外のすべての人間の基本的権利と同様の権利を有することを確認する。我々は、この権利が立法によって認められることを要求する。

第四条

我々は、胎児ひとりひとりが良好な胎内環境で発育する権利を有することを認める。この環境には出産までの母親の適切な保護と両親への支援を求める権利が含まれなければならない。

第五条

胎児が、受精の時から、科学的、医学的、または医学外的実験や利用に供されない権利を有することを確認する。ただし、この実験や利用が胎児に直接役立つ場合を除く。

第六条

我々は、胎児の発育とそれに関する諸問題についての科学的事実の教育の推進に努める。また我々は、女性が子供を産み育てるのを難しくしている社会的、経済的ならびに法律的諸条件の改善に努める。

結び

以上にかんがみ、我々はすべての国際団体、政府、組織、ならびにすべての善意の人々が、ここに含まれる各箇条を公認し、実行するように強く奨める。

CASE 3 不倫妊娠

ゆきの選択

ゆき

28歳。デザイン事務所で働く。
仕事先で出会った妻子ある男性と半同棲で暮らしている。

23：38
Umobile
yuki
誰にも喜んでもらえないいのちを産むのはかわそうですか…
でも
中絶のことを
考えるだけで
涙が止まりません
喜んでもらえない
いのち…？
誰にも喜んでもらえないいのちを産むのはかわそうですか…
でも
中絶のことを考えるだけで
涙が止まりません
あ
か
た
な
ま
や
わ
ABC
Desigh Oficce
お先に失礼
します

カン
カン
ただいま！
おかえりー
わ〜
おいしそう〜
だろ？　今まで一番うまくできたかも
達也には
妻子がいる
東京で働く
達也だったが
毎週のように
支社への出張
があった

その支社の企画でデザインを請負っていた
デザイナーのゆきと出会ったのだった
なんでもっと早く
出会えなかったんだろう
もっと…もっと早く
達也が奥さんと出会う前に
ザー

奥さん…
本当に
気づいて
ないのかな…
もし
子どもに
知られたら…
達也の家庭が
幸せであって
ほしい…
でも…
達也と離れることは
できない…
この関係が
2年以上
続いていた
丸山レディースクリニック
PMSによる生理期
のイライラがひどく
仕事に差し障りが
出るほどだった
受付
そのため低用量ピル
を処方してもらい
ずっと服用していた

だから避妊もしなくなっていた
今日クリニックの日だ
丸山レディースクリニ
今日は血液検査　先生の問診はありますので　その後になります
はい
診察時間
院長　丸山 智子
TEL 0/89-63-6421
インターネット予約はホームページから
www.maruyama.ladies@wobmm.jp
あら…？

妊娠
してますね
…え？
体調が悪かった時がありませんでしたか？
ピルを服用してもうまく作用しなかったのかもしれません
体…調？

前に胃腸炎に
なった時があった
お腹を下して
嘔吐もあった…
吐いた時に
ピルも一緒に…
妊…娠…
達也…
ただいまー

…なんて言うからオレ笑っちゃったよ
ハハ
うん…
今日はちょっと疲れたか？片付けはオレがするから早く休みな
話せなかった…
話したらどうなるだろう
達也はきっと困るだろう
怒るだろうか…？
ピルを飲んでるから大丈夫って言っただろ?!って
奥さんと別れてわたしと結婚してって…言う？

そんなこと
できない
達也の家庭を
壊したくない
産むか
産まないか…
産まない…
中絶?!
いや…
絶対いや…!
薬で陣痛を起こし
流産させる
方法です
痛い…
赤ちゃんは
もっと
苦しんで…
学生時代
妊娠して
中絶した
もう…
したくない…

言い出せないまま
2カ月が経った
Umobile
16：52
78%
＜TATSU
今
駅ついた
今日
聞いてほしいことが
あるの
?
OK
今夜聞くよ
どうした？
わたし…
妊娠したの
ピル飲んでたけど
胃腸炎で
吐いた時に
一緒に
出ちゃった
みたいで…

…ごめんなさい
…なんで謝るの
ずっと言いたくて…
でも言えなくて…
言い出せなくてしんどかったね
話してくれてありがとう…
……

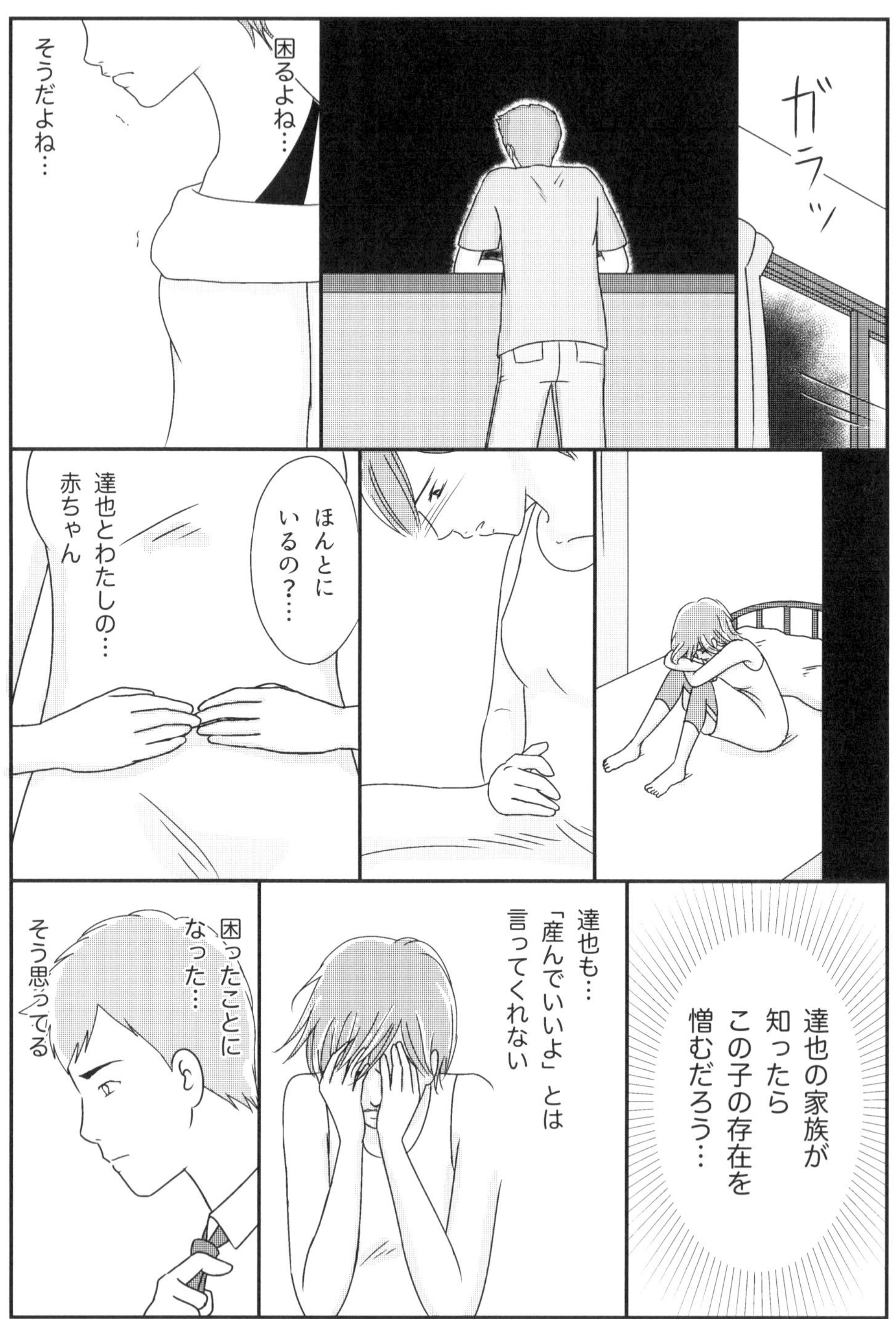
ガラッ
困るよね…
そうだよね…
ほんとに
いるの？…
達也とわたしの…
赤ちゃん
達也の家族が
知ったら
この子の存在を
憎むだろう…
達也も…
「産んでいいよ」とは
言ってくれない
困ったことに
なった…
そう思ってる

この子のいのちを
喜んでくれる人は
誰もいない…
今月の医療
カタログの原稿
届きました
ありがとう
Design Ofic
思いがけない妊娠で悩むあなたに
小さないのちのドア
小さないのちのための24時間開いている相談窓口です
TEL 078-742-3474
Mail ikuko@mana-mh.com
神戸市北区ひよどり台2-30-6
診察日時(完全予約制)
火・木・土(午前中)
※診察時間外でも受付可能。お電話にてご相談ください。
ママとベビーの幸せ
そして、世界の平和のために
ナ助産院
小さないのちのドア
お腹に宿ったいのちを
大切に思って
LINEくださったんですね。
ありがとうございます。
23:40
「誰にも喜んで
もらえないいのちを
産むのは
かわいそう
ですか…」
小さな
いのちのドア…

「大丈夫」
「一緒に考えて
いきましょう」
普通に考えたら
不倫でできた子なんて
産むべきじゃないって
わかってるんです…
それから彼と
何度も話し合って
ますけど
答えが
出なくて…
彼も…
困ってる…
だけど
本当はわかってる
堕ろしてほしいと
思ってること――
わたしを
傷つけると思って
言い出せないんだ

でも…
赤ちゃんには
何の罪もないのに…
赤ちゃんの
ために
よく
考えているのね
わたし…
産めるものなら
産みたいんです
でも
生まれてきても
つらい思いするん
じゃないか…って
産んでも
彼の家族に
知れたら…
お前なんかが
いるからだ！
子どもも彼も
苦しいことになるん
じゃないかって…
みんなの気持ちを
思うと…心配で
わからなくなるのね

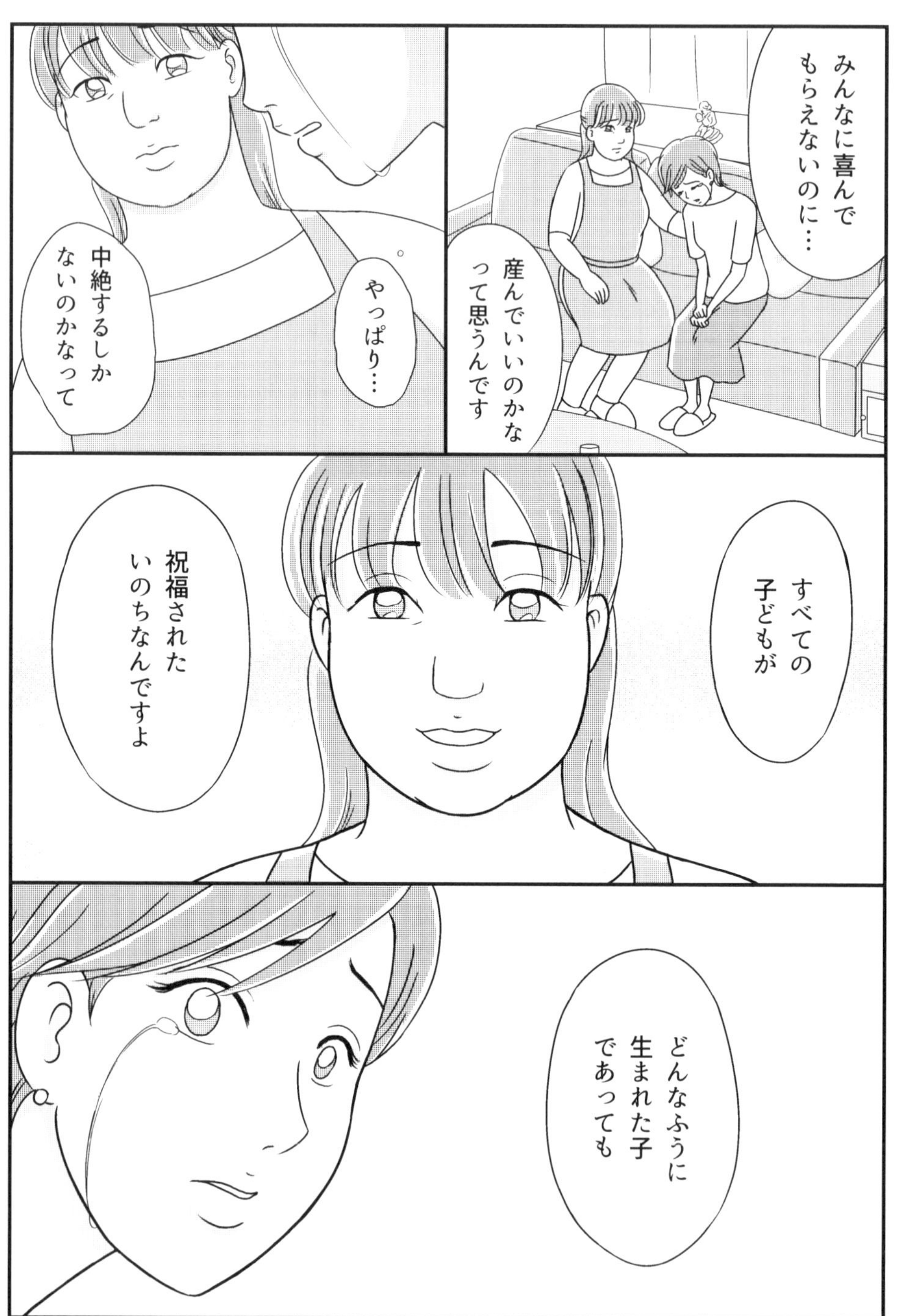
みんなに喜んで
もらえないのに…
産んでいいのかな
って思うんです
やっぱり…
中絶するしか
ないのかなって
すべての
子どもが
祝福された
いのちなんですよ
どんなふうに
生まれた子
であっても

迷ったときには
いちばん小さな存在が
幸せかどうかに
焦点を合わせてみると
答えが見つかるかもしれませんよ
いちばん…
小さな存在…
達也のことを思って
達也の家族の
ことを思って
どうしたらいいか
わからなくなってた…
でもいちばん小さな
このいのち
赤ちゃんのことを思ったら…
え?…
産む?

うん
産みたいの
わたしシングル
マザーでもいい
育てていく
シングルで育て
ていくのは大変
なことだよ
もう少し…
考えよう
考えて…
どうするの？
中絶
するの?!
この子を…
……
仕方ない
だろう…
仕方ない
なんて…
そんなこと
ない…

このいのちは…
祝福された
いのち…!!
オレは
ずっと
ゆきと一緒に
いたいんだ…
産んで育てる道を選べば
達也は去っていくかもしれない…
達也のいない人生
わたしは
耐えられるの…?

彼はまだ産むことに前向きになれないみたいで…
だけどわたしは…中絶は絶対したくない…
赤ちゃんを守れるのは ゆきさんしかいませんもんね…
何度も話し合ってるんですけど…
決心しては揺らぎ何度もわからなくなった
彼といつも向き合ってるんですね
…はい
達也には隠し事はしたくないいつも向き合ってたい…
この子が大きくなった時に自分は不倫で生まれたんだって知ったら…どんな気持ちになるだろう…
いろいろ考えてしまって…
ゆきさん
お腹で育てることと生むことはゆきさんしかできません

でも育てることは
他の人に託すことが
できるんですよ
特別養子縁組
でも…
実の子じゃない
からって
冷たくされる
かもしれない…
ゆきさん
わたしたちが
特別養子縁組の取り次ぎを
お願いしている団体では
どんなことが
あっても
子どもを愛し抜く
決断を
してくれる
養親さんしか
選ばれないいん
ですよ
どんなことが
あっても…！

そんな決断をしないままに子育てをしている親がどれほどたくさんいることだろう
実の親であっても子どもを幸せにできるとは限らない
この子をそんな養親さんに託すことができたなら…！
数カ月後
CHRISTM
特別養子縁組に…！

よろしく
お願いします
赤ちゃんのために
二人で一生懸命
考えたのね
わたしが一人で
育てていくか…
すごく悩み
ましたが…
赤ちゃん
だけでなく
ママも輝いて
笑顔になれたら
それが
一番なのよ
いのちを
守ってくれて
ありがとうね

お腹が大きくなってきてからは職場に気づかれないよう
在宅ワークを増やすようにしていた
今日はよく動いてる
フフッ
元気ね
もうすぐ…一緒にいられなくなる…
でも…
温かいお家に迎えられるからね
大丈夫…大丈夫…
驚いたのは赤ちゃんを託してからも手紙を送ったりやりとりをしていけるということ
もしかしたら将来会うこともできるかもしれないって…
生みの母がいることを隠さずに肯定的に伝えて愛情いっぱい育ててもらえるから子どもは養子=自己を否定するようにはならないそうだ

だから…
一生の
別れじゃない
きっとまた
会える
うー…
ゆきさーん
上手よー
ほら
もう少し
赤ちゃんの
お顔 見えて
きたわよー

ンギャアー
オギャア
ゆきさん
おめでとう！
ゆき
間違った道を
選ばなくて
よかった
生まれて
きてくれて
ありがとう

ブゥゥ…ン
ブゥィ…ン
パパぁ きょお かえって くるんでしょ?!
ひまりか！
…ああ これから 帰るよ
おみやげ かってきてね！
はいはい オッケー
ははは…
そしてゆきは母としてかけがえのない数日間を過ごした
助産院
はーい！
じゃ 撮りますよ

カシャッ
パパ!!
ママ!!
ほらみて!!
おー
わたしが妻子ある人を愛してしまったために
わははは…
赤ちゃんを苦しめることになると思った
でも…
どんなことがあっても
愛し抜いてくださるという養親さんのおかげで救われた…

遠くに行ってしまう
ことがつらくて
たまらなかった
でも　違った
今は
新しい家族の
つながりが
広がったような
そんな気持ち
あなたがお腹に
宿ってくれたこと
あなたのお母さんに
なれたことが喜びです
たくさん　たくさん
愛してもらってね…！
あなたを産んだお母さんも
ずっとずっと　あなたを
愛しているから
いのち…
どんなに尊く
かけがえのないもので
あるか　教えてくれた
ありがとう…

「誰にも喜んでもらえないいのちを産むのはかわいそうですか……でも中絶のことを考えるだけで涙が止まりません」。そうLINEが届いたのは、夏の終わりでした。喜んでもらえないいのちとはどんないのちなのか、少し悩みながら返信したことを覚えています。「涙が止まらない」というゆきさん（仮名）の思いを考えると、お腹に宿ったいのちをいのちとして大切に思ってくれているのだということを感じました。その気持ちを肯定しながら、誰にも喜んでもらえないいのちなんてないということ、そしてこれからのことを一緒に考えていきたいことを伝えました。

その後何度かやりとりをするうちに、直接ドアを訪ねてこられ、相手とは不倫関係だということを話してくれました。世間的にも産むべきではないと思うけれど、いのちには罪がなく産みたい気持ちはある。でも、生まれてきても誰にも喜んでもらえず、子どももつらい思いをするのではないかという思いと、彼の家庭を壊したくないという思いから、中絶を考えているとのことでした。

私たちは彼女の思いを受け止めながら、今ゆきさんが選択できる道を一緒に整理していきました。彼が奥さんと別れて結婚する道、彼が奥さんにすべてを話して責任を取る道、奥さんに内緒でこの関係を続けながら産み育てる道、一人で産み育てる道、特別養子縁組、産まないという道。これら一つひとつの可能性を探りながらお話しし、ゆきさんにとって、赤ちゃんにとってどの道を選択することが幸せなのか、一緒に考えていきました。その中で、今回の妊娠は実は二度目の妊娠で、一度中絶した過去があることも話してくれました。つらく苦しんだこともあり、こうしていのちが宿ったことにも意味があると感じていると話してくれ、悩み抜いて出した結論は、彼と別れてでもいのちを守るというものでした。

産んだあとはどうするのか、育てていくのか、特別養子縁組という道を選択するのか、二つの道を考えながら、もし育てていくならば生活圏を変える必要があるため、仕事のことなども含めて、養育の道を一緒に探しました。そんな中、ご本人から、赤ちゃんのためにも、特別養子縁組という道を選択しようと思うと連絡がありました。

シングルマザーとして生きるということには抵抗はないし、本当なら一緒に暮らしていきたい。でも、子ども自身が事実を知ったときに苦しむのではないか、特別養子縁組によって温かいご夫婦に託し、両親の愛の中で育っていくほうが幸せなのではないか、そう考えたそうです。赤ちゃんを愛しているからこそ大切に思っての前向きな選択でした。

総合医療品メーカー、ジェクスによるジャパン・セックスサーベイ二〇二〇の調査では、「パートナー(恋人や結婚相手)以外の人とセックスしていますか」という問いについて、「している」の回答は、男性は四一・一%、女性は三一・四%、「現在はしていないが以前はしたことがある」という回答を含めると、何と男性は六七・九%、女性は四六・三%という結果でした。これをもって「浮気」「不倫」と決めつけることはできませんが、男性の三人に二人、女性は二人に一人がパートナー以外とのセックスの経験があるということになります。

中絶の理由は、経済的な理由が一番多いといわれていますが、次いで結婚していないためという理由が上がってきます。その中には「浮気」や「不倫」による妊娠ということも少なからず含まれているのだと感じます。小さないのちのドアにも、不倫や浮気による妊娠で中絶を迫られている、また中絶せざるを得なかった、と傷つき苦しんでいる女性からのSOSが届くことがしばしばあります。確かに、そのような状況の中での産むという選択は、簡単なことではありません。不倫による妊娠出産を理解してもらうには、難しい社会であることも事実です。相談をすることすらできずに、一人で苦しんでいる女性も多いことでしょう。

予期せぬ妊娠で結婚に至らない場合、責められるのも、傷つくのも女性ばかりです。しかし妊娠は、決して女性一人でできるものではありません。また、どれだけ避妊をしていたとしても、行為がある限りは一〇〇%避妊できるという方法はなく、誰にでも起き得ることなのです。責めることは簡単です。でも、責めても事実は変わりません。責めるよりも、起きた事実をどのように受け止め支えていくのか、共に考えることのできる社会へと変わっていくことを願っています。

それからのゆきさんは、赤ちゃんにできるかぎりの愛情を注ぐことができたらと、残りの妊娠期間を共に過ごせるかけがえのない時間として大切に過ごされていました。お産中も赤ちゃんを気遣いながら、上手に出産されました。そしてみんなで喜んだいのちの誕生。とても感動的な素晴らしいお産でした。お産を終えた後の彼女の安どした顔が印象的でした。そして産後も、入院中の数日は母としてできるかぎりのことをしたいという気持ちが、私たちにも伝わってきました。赤ちゃんを養親さんに託すその日には、赤ちゃんの父親である男性も駆けつけてくれ、「子どもに恥じない生き方をしたい、産んでくれてありがとう」との言葉を聞くことができました。養親さんのご自宅には、この日に五人で撮った家族写真が大切に飾ってあるそうです。

ゆきさんからいただいたメッセージを最後にご紹介します。

「今言えるのは、本当に、産んでよかった！　ということです。この子の顔を見た時、希望が見えた気がしました。大人になって、もし会いたいと思ってくれたときに、〝生みの親もスゴイな〟って思ってもらえるような、そんな生き方がしたい。だからそれまで、今は歯を食いしばって頑張っていきたい。そして、この子が大人になった時、今度は自分が希望を与えることができたらと思います。実親の立場は非難されることもあるし、手放すことに罪悪感を覚えるかもしれません。周囲の人に打ち明けられないこともあると思います。でも私が感じているのは、いのちを守ることがいちばんだということです。仮に育てられなくても、この世界にいのちを送り出すことは親の愛だと思います。そして子どものいちばんの幸せを願うからこそ、大切に育ててくれる方の元へ愛をもって送り出せるのだと思います。いのちを守った生みの親と、育ての親、みんなで子どもを愛する。たくさんの愛を受けて育つ子どもは絶対に幸せになれると信じています」

特別養子縁組の流れ

特別養子縁組を仲介する機関は、行政機関である児童相談所と民間あっせん団体があります。どちらを利用してもおおまかな流れは変わりません。

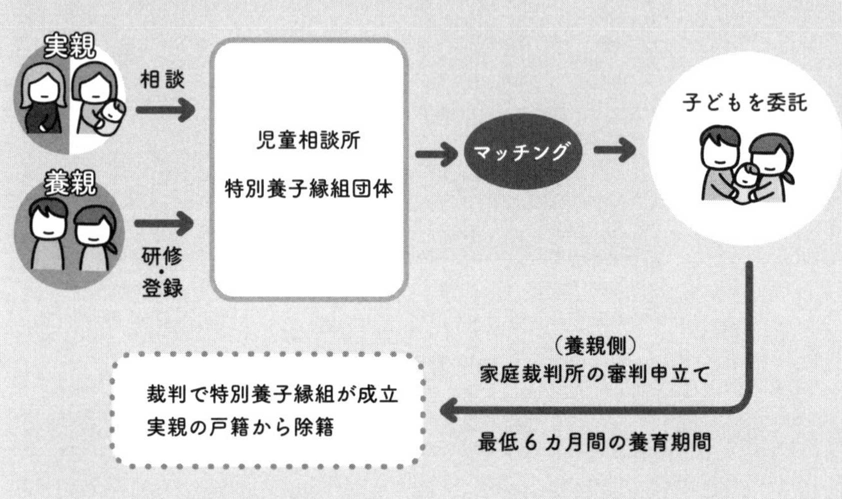

機関によって、養親希望者の基準や条件、審査は異なります。また実親や養親へのフォロー体制や方針もさまざまであり、詳細は各児童相談所または都道府県の認可を受けた民間あっせん機関へ相談してください。

思いがけない妊娠で相談に来る女性の中には、生まれた子どもを育てられないと悩んでいる方が少なくありません。養子縁組をするくらいなら産まないほうがいいと考える方もいます。しかし、「**この子を産んでよかった。幸せに生きていてくれることが励みです**」と語り、夜の仕事から昼の定職に就いて頑張っている女性の姿などを見ると、産むという選択、託すという選択が、本人の前向きな生き方につながっていると感じます。**特別養子縁組は子どものための福祉ですが、同時に、かかわり方・捉え方によって、生みの親や育ての親の幸せにもつながると確信しています。**

子どもにとって、生みの親が育てることがいちばん幸せなことと考える人は多いかもしれませんが、状況によっては環境の整ったご夫婦に託すことが良い場合もあります。**子どもにとって何が最善かを探す視点が、何よりも大切なことなのです。**

コラム5 特別養子縁組について

養子縁組制度には、普通養子縁組と特別養子縁組があります。

普通養子縁組は、主に子どものいない家が後継者を残すことを目的に定められた制度であり、特別養子縁組は実親（生みの親）が何らかの理由で子どもを育てられない場合、子どもが幸せに成長するために必要が認められる場合に、その子どもを育てたいと待っている夫婦に託され、戸籍上もその夫婦の子どもとして育てられる制度です。

特別養子縁組の成立のためには、いくつかの要件を満たしている必要があります。

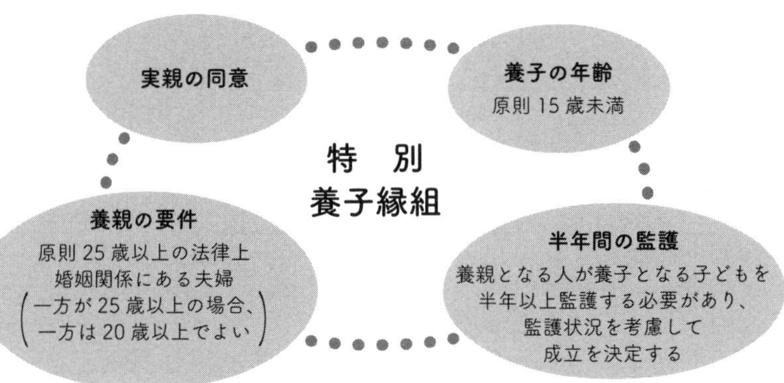

特別
養子縁組
実親の同意
養子の年齢
原則15歳未満
養親の要件
原則25歳以上の法律上
婚姻関係にある夫婦
（一方が25歳以上の場合、
一方は20歳以上でよい）
半年間の監護
養親となる人が養子となる子どもを
半年以上監護する必要があり、
監護状況を考慮して
成立を決定する

特別養子縁組・普通養子縁組・里親制度の違い

	養子縁組制度		里親制度
	特別養子縁組	普通養子縁組	
戸籍の表記	長男 / 長女	養子 / 養女	
子どもの年齢	原則15歳未満	制限なし（ただし育ての親より年下であること）	原則18歳未満
養親の年齢	原則として25歳以上の夫婦（ただし一方が25歳以上であれば一方は20歳以上でよい）	20歳以上	制限なし
成　立	家庭裁判所が決定	養親と子どもの親権者の同意・契約（15歳以上は自分の意見で縁組ができる）	児童相談所からの委託
養育費の支給	なし	なし	所定の養育費と里親手当が支給される
育ての親との離縁	原則として不可	認められる	生みの親の元に戻るか、自立するか

※里親には、季節里親や週末里親といった期間限定の養育制度もある。ふだんは施設で生活し、親や親族の面会や外泊が少ない子どもに温かい家庭を知ってもらうために、週末や夏休み、お正月などに、家庭に招き入れる制度。

コラム6 社会的養護の子ども

日本には、45683 人の「社会的養護の元で暮らす子ども」がいます（2018 年 2 月現在）。**社会的養護の元で暮らす子どもとは、保護者のない児童、虐待などの家庭環境が原因で親と暮らせない児童**で、公的な責任として社会的に養護し、保護を行う必要のある子どもたちのことを指します。彼らは、乳児院や児童養護施設、里親の元などで養護されています。

日本では、社会的養護下の子どもたちの**約 85%が施設で暮らして**おり、里親やファミリーホーム、特別養子縁組など、家庭で育てられる子どもたちは 14%程度です。一方、**先進諸外国では、約 8 割の子どもたちが家庭養護の中で生活**しています。

1989 年に国連で採択された「子どもの権利条約」では、「家庭で育つことは子どもの権利である」と述べられています。この条約に基づき「子どもの代替的養育に関するガイドライン」が 2009 年に発行され、「家族は基本的な社会の集団であり、子どもの発達と幸福と保護のための本来の姿であること、代替的養育は最終手段であり、できる限り短期間にして、実の親、あるいは近親者の養育にとどまることに力をつくすべきであること、大型の施設は廃止の方針にすること」など、社会的養護に対する基本的な考え方が示されました。長年にわたり、日本政府は「社会的養護は、里親家庭または小集団の家庭的環境で提供すること」と提示され続け、国際的にも非難を受けてきました。

2016 年の児童福祉法改正により、施設ではなく家庭で養育することが積極的に推進されるようになり、翌 2017 年に厚労省が打ち出した社会的養育ビジョンでは、「未就学児の施設入所は原則禁止」となりました。少しずつ家庭養護で育つ子どもの割合も増えてきましたが、いまだ多くの子どもが施設の中で生活しているのが現状です。

Apple の創設者である**スティーブ・ジョブズ**や元ビートルズの**ジョン・レノン**、20 世紀の大女優**マリリン・モンロー**、JYJ・元東方神起のメンバー、**ジェジュン**に共通するものは何だと思いますか？ 彼らは皆、**養子として育った人たち**です。**どんないのちも尊く、素晴らしい可能性を秘めています。**

日本には、「産んだら自分の手で育てるべき」「育てられないなら中絶が当然」「養子縁組をするくらいなら中絶する」などの風潮が根強くあります。でも、本当にそうでしょうか？ 私たちは、産んでも育てられない、中絶するしかないと思い悩む女性たちに出会う中で、子どもを産んで託す、社会の力を借りるという選択肢を紹介することがあります。それは決して、「残念な」選択ではありません。特別養子縁組を安易な気持ちで推奨するつもりはありませんが、子どものためを思い、前向きに託す選択をした女性たちが、**いのちを産むことで、人間的に成長し、自信を得て、それまでの人生とは違う新たな一歩を踏み出す姿を見てきました。**

世の中はどんどん変化しています。家族観をアップデートしながら、尊いいのちの可能性を、女性たちの転機や自立のチャンスを、社会全体で温かく受け入れ、見守り、育てていくことができたらと願っています。

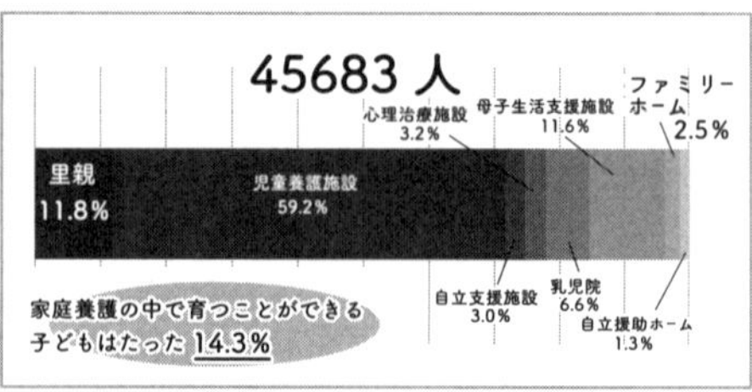

CASE 4 風俗妊娠

あやの選択

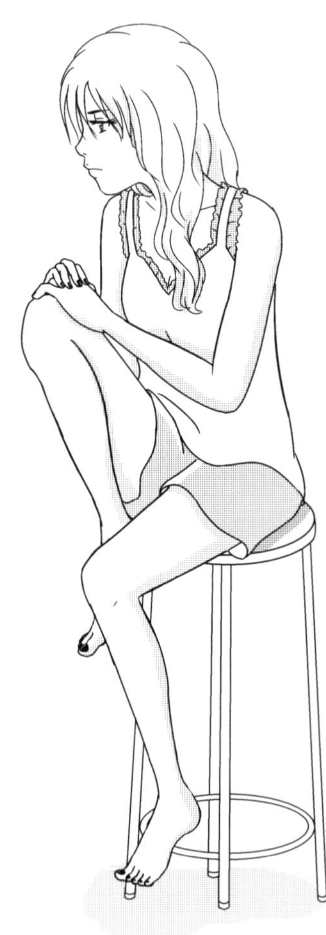

あや

23歳。母親も未婚の母だったが、早くに死別し祖母に育てられる。祖母は厳しく、未婚だった母のことを良く思っていなかったために、あやのことも良く思っておらず、寂しい環境の中で育てられる。

堕ろしてください
赤ちゃんのお父さんは
妊娠のことご存じなのかしら…？
あやさん
中絶を望んでおられるのね

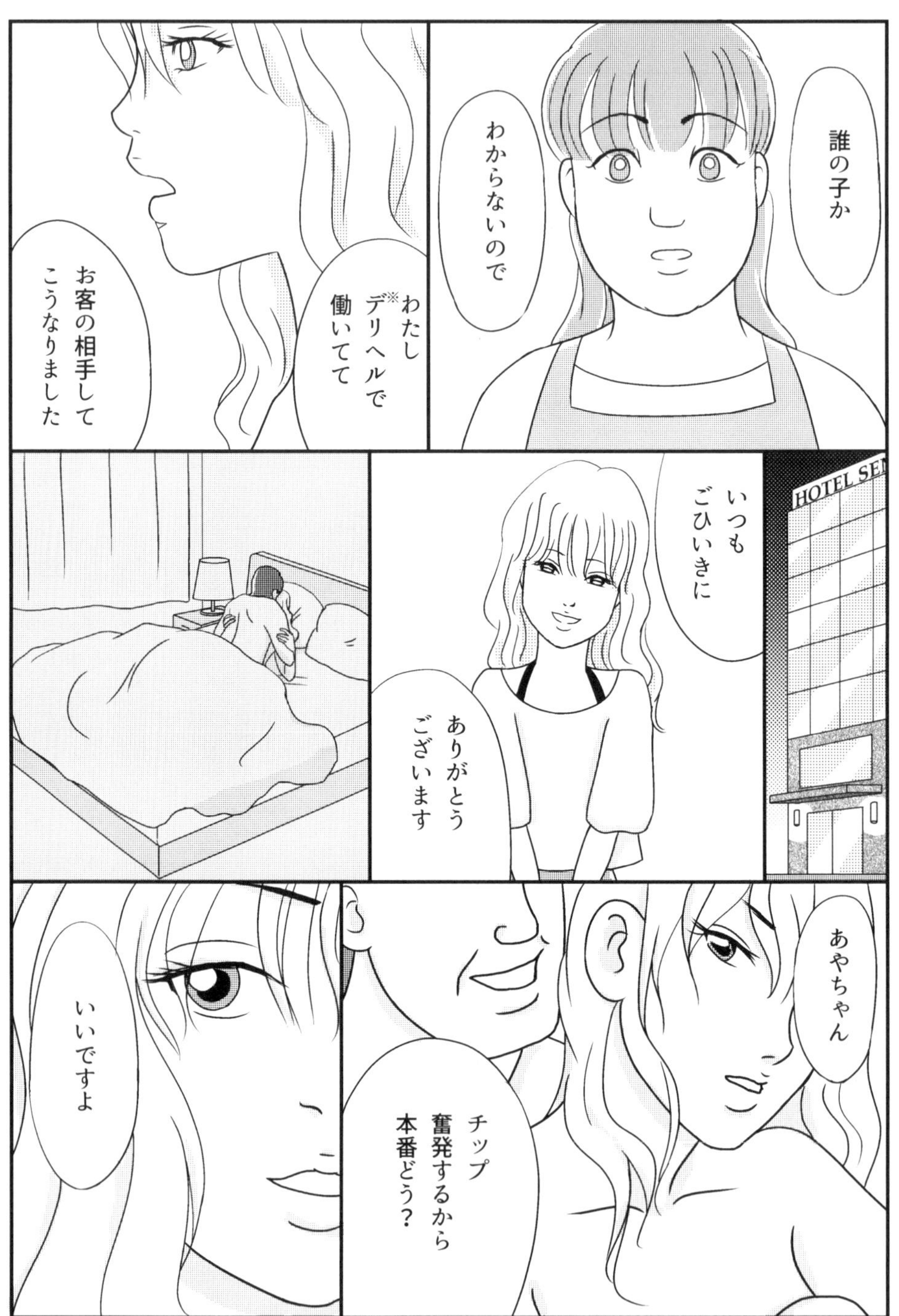

※デリヘル…デリバリーヘルスの略称で性的出張サービスのこと

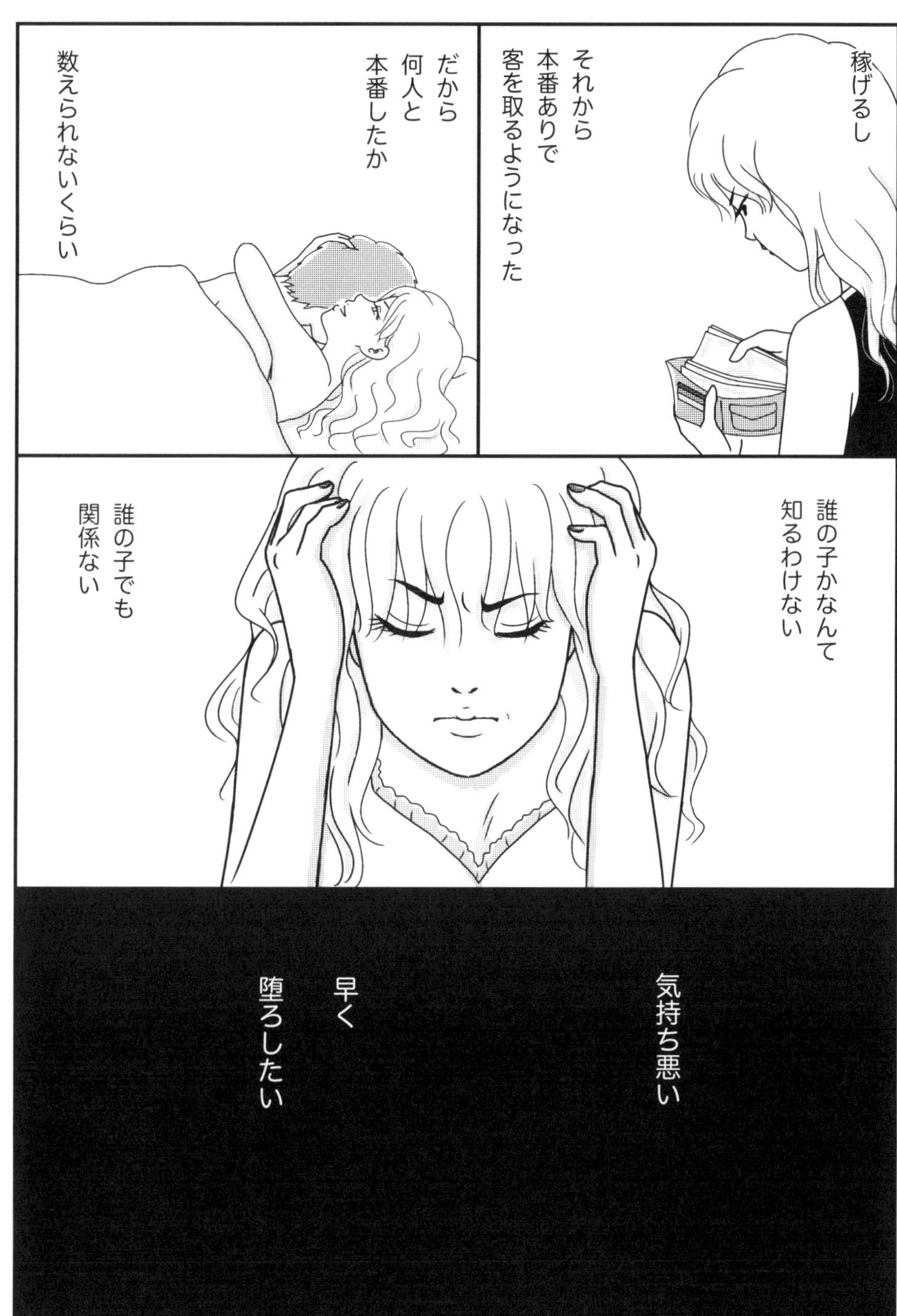
稼げるし
それから
本番ありで
客を取るようになった
だから
何人と
本番したか
数えられないくらい
誰の子かなんて
知るわけない
誰の子でも
関係ない
気持ち悪い
早く
堕ろしたい

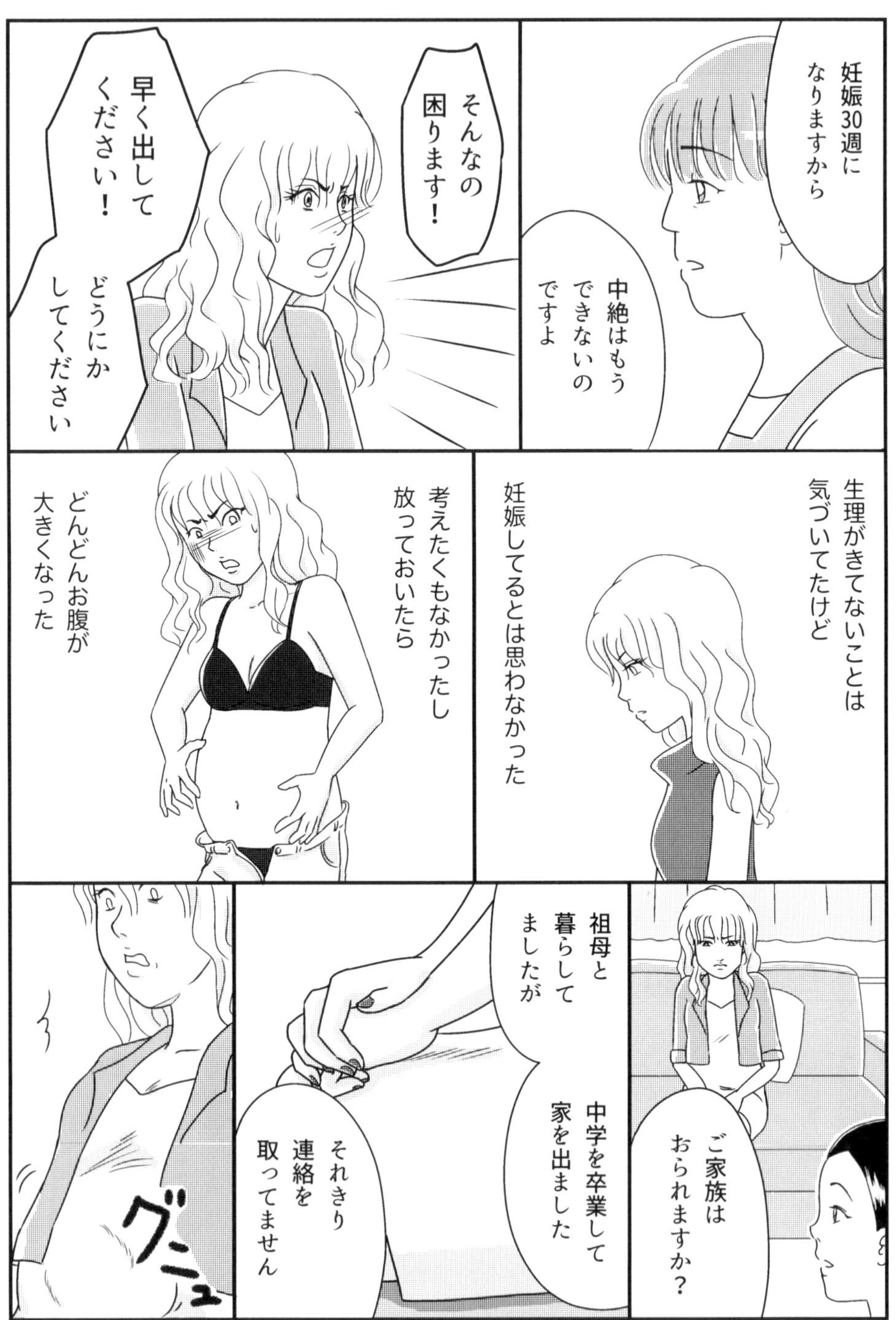
妊娠30週に
なりますから
中絶はもう
できないの
ですよ
そんなの
困ります！
早く出して
ください！
どうにか
してください
生理がきてないことは
気づいていたけど
妊娠してるとは思わなかった
考えたくもなかったし
放っておいたら
どんどんお腹が
大きくなった
ご家族は
おられますか？
祖母と
暮らして
ましたが
中学を卒業して
家を出ました
それきり
連絡を
取ってません
グニュ

もういや!!
気持ち悪いっ
?!
バンッ
バンッ
あやさん!!

赤ちゃん
だけでなく
あなた自身も
傷つけている
わたしたちが
全力で
あやさんを
支え
ますから
……
COCTA
GIN
DRY
SUPER
BEER

ほんっとに
だらしのない
子だね
一体いつまで
あんたの面倒を
みなきゃいけないんだろうねえ！
あんたの
ママはね
どうしようもない
男に引っかかって
あんたみたいな
お荷物を産む
ことになったんだ
からね
市立第一中学校
第39回卒業証書授与式
ガチャ
ガチャ

求人コーナー
ANGEL
らくらく高収入♡
女の子大募集
デリバリーヘルス
ANGEL
18歳～
TEL 080-6635-93□□
まずはお電話を！
……

あの…
働きたくて…
年は…18です
はい…
ガールズファンタジー
密会
アラビアンナイト
ドリームロマンス 2F
風俗無料案内
あやちゃんかあ
かわいいねえ
住む所がない？それは大変だね
大丈夫だよ用意してあげよう
お客様にしっかり尽くすんだよ
あやちゃん上手になったたね
指名も増えたし
すっかり売れっ子になったね
秘密の部屋
アロママッサ
コース 60分
キャバクラ
遊び
何なの この体!!

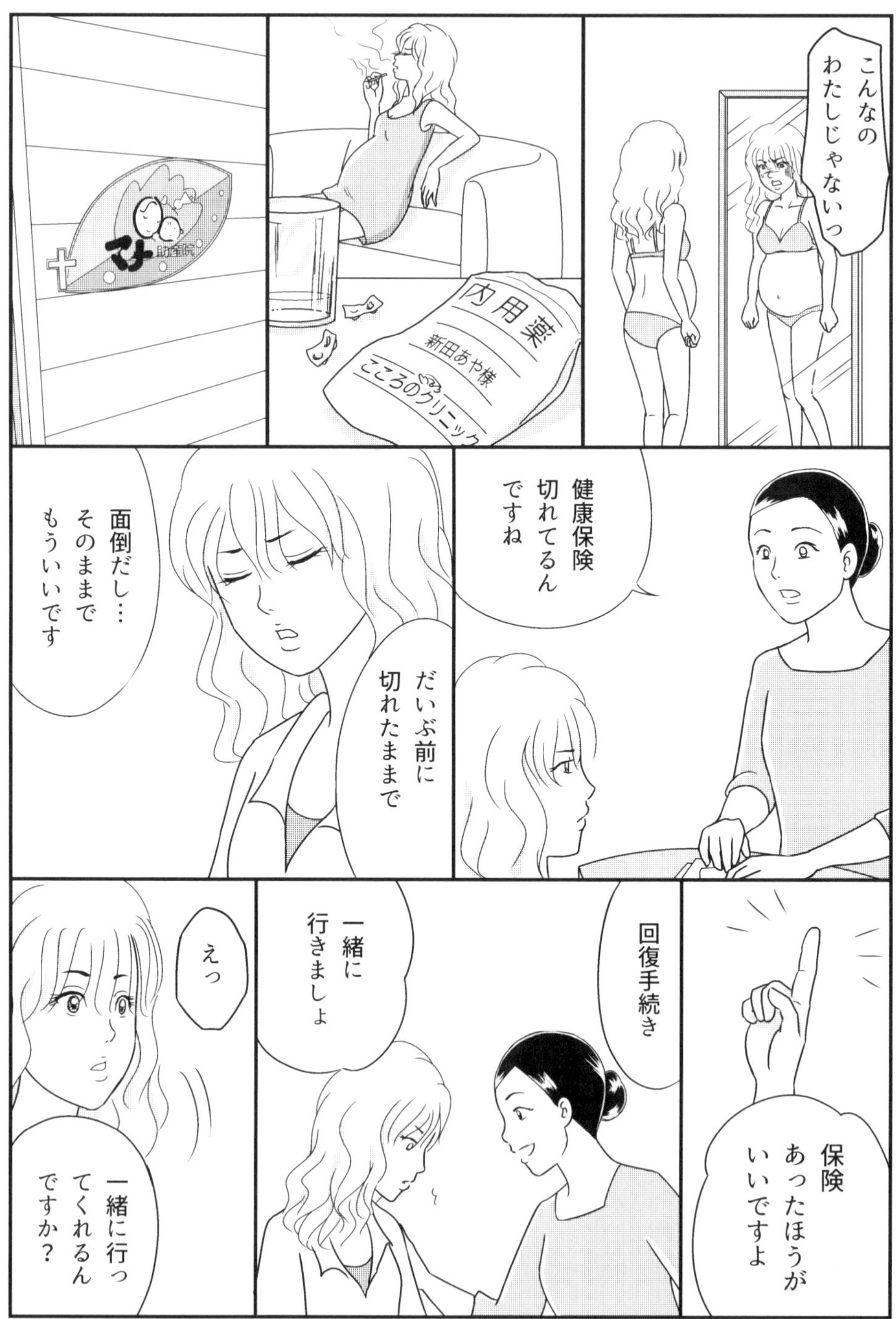

マメ助産院
内用薬
新田あや様
こころのクリニック
こんなの
わたしじゃないっ
健康保険
切れてるん
ですね
面倒だし…
そのままで
もういいです
だいぶ前に
切れたままで
保険
あったほうが
いいですよ
回復手続き
一緒に
行きましょ
えっ
一緒に行っ
てくれるん
ですか？

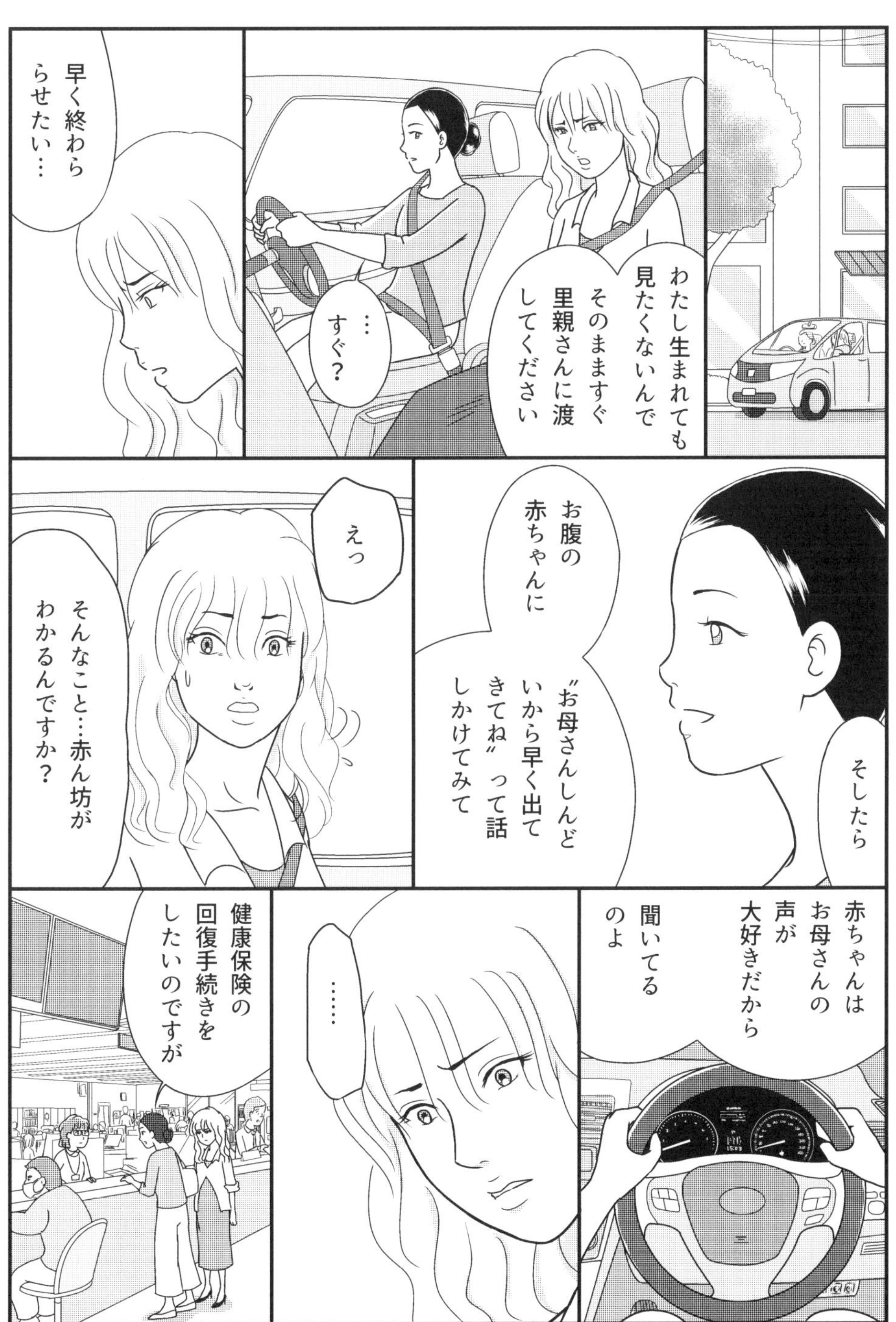
わたし生まれても見たくないんで
そのまますぐ里親さんに渡してください
…すぐ？
早く終わらせたい…
お腹の赤ちゃんに
〝お母さんしんどいから早く出てきてね〟って話しかけてみて
そしたら
えっ
そんなこと…赤ん坊がわかるんですか？
赤ちゃんはお母さんの声が大好きだから
聞いてるのよ
……
健康保険の回復手続きをしたいのですが

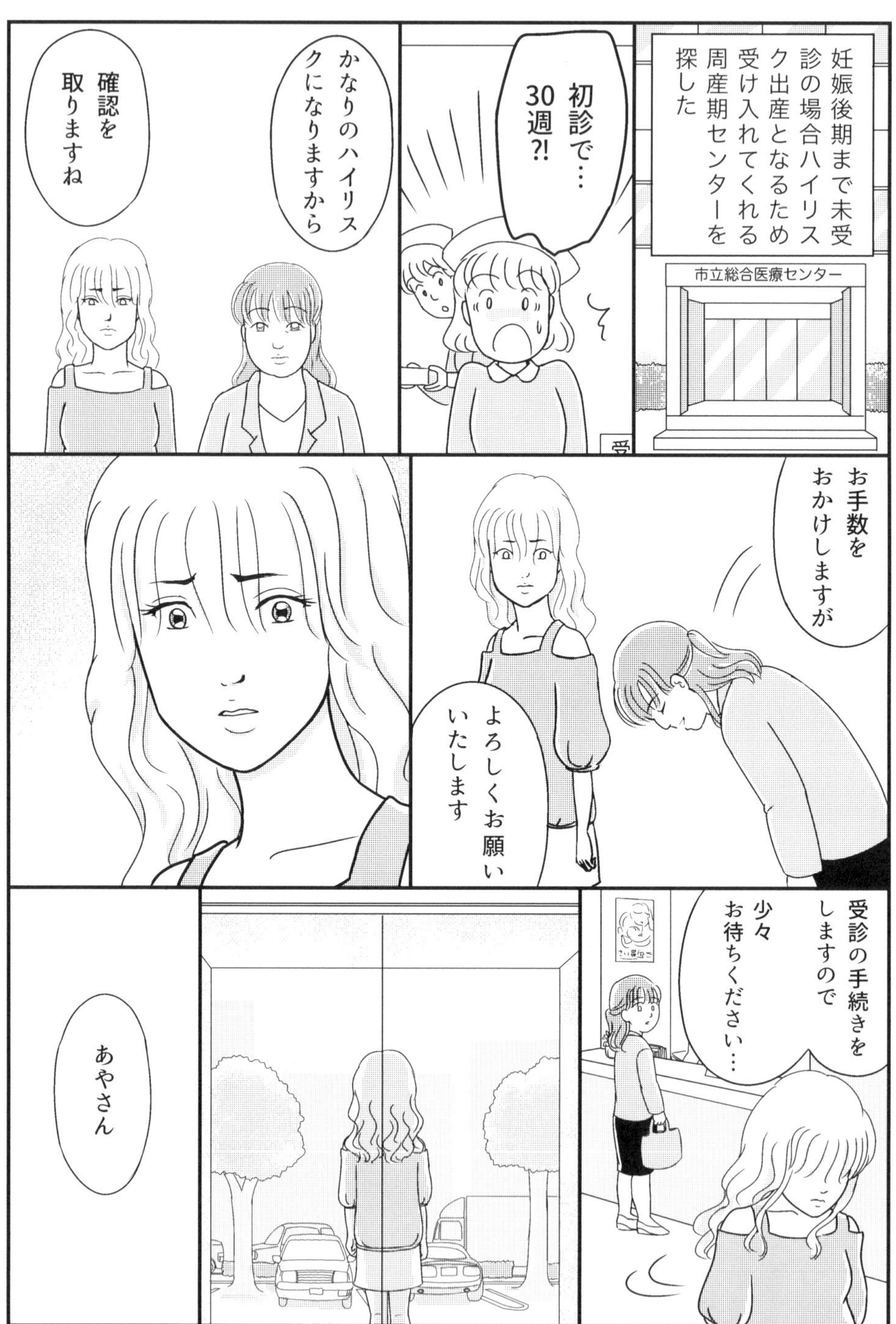
妊娠後期まで未受診の場合ハイリスク出産となるため受け入れてくれる周産期センターを探した
市立総合医療センター
初診で…30週?!
受
かなりのハイリスクになりますから
確認を取りますね
お手数をおかけしますが
よろしくお願いいたします
受診の手続きをしますので少々お待ちください…
あやさん

いのちを
守ることは
あやさんの
人生が祝福さ
れることに
つながって
いくからね
祝福…？
そんなもの
どこにもないっ
BESS HOTEL
妊婦さんと
だなんて
初めてだな

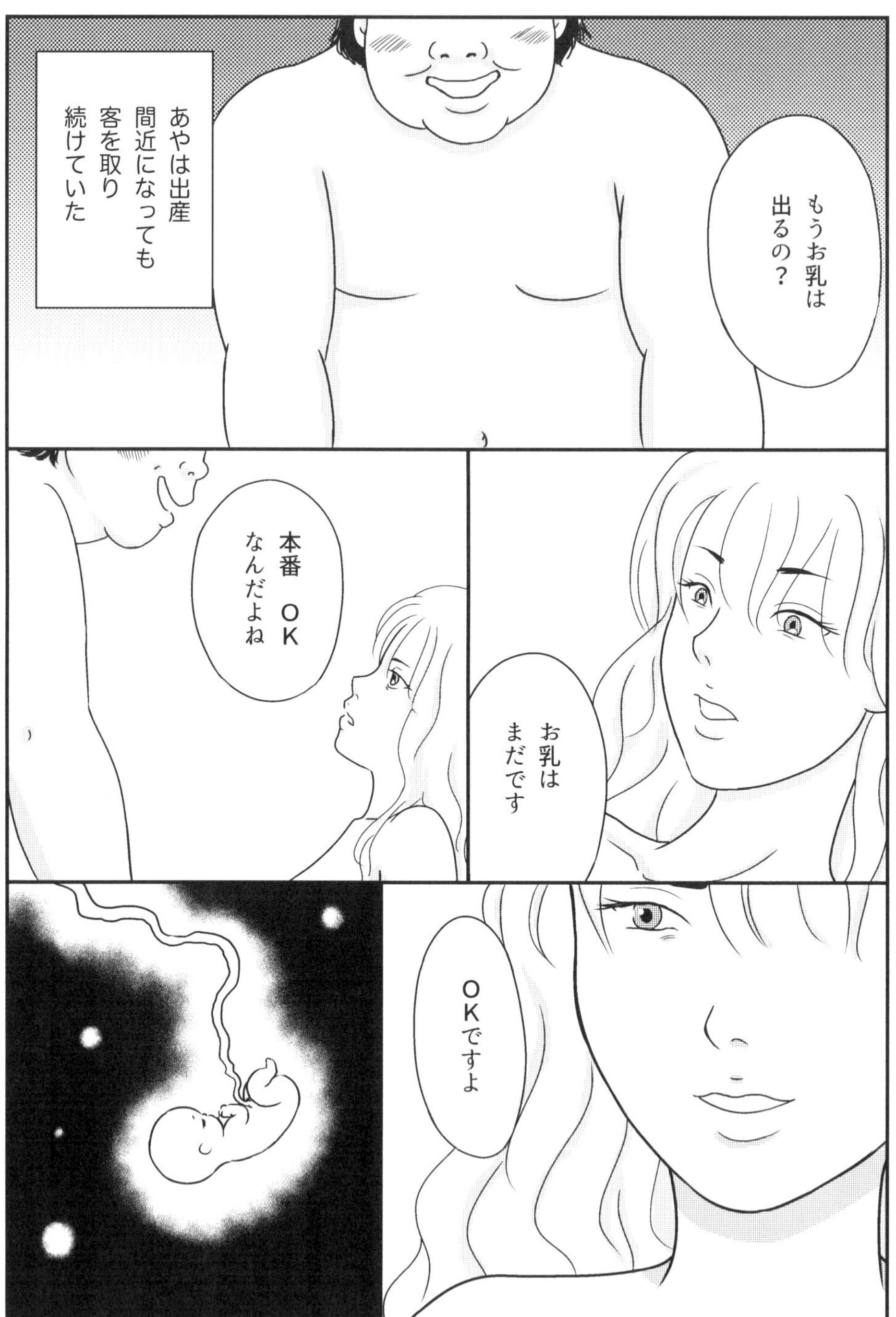
もうお乳は
出るの？
あやは出産
間近になっても
客を取り
続けていた
お乳は
まだです
本番 ＯＫ
なんだよね
ＯＫですよ

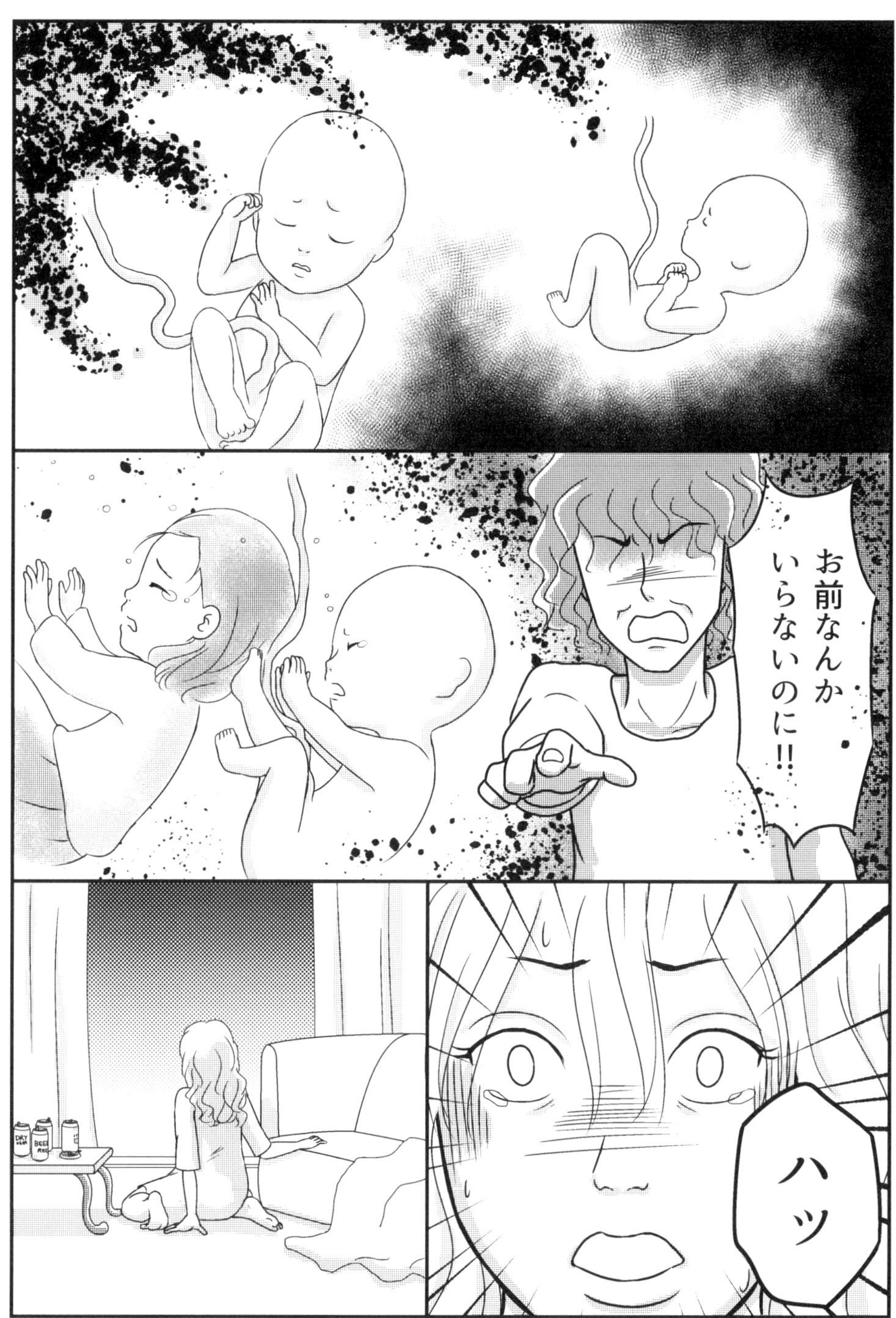
お前なんか
いらないのに!!
ハッ

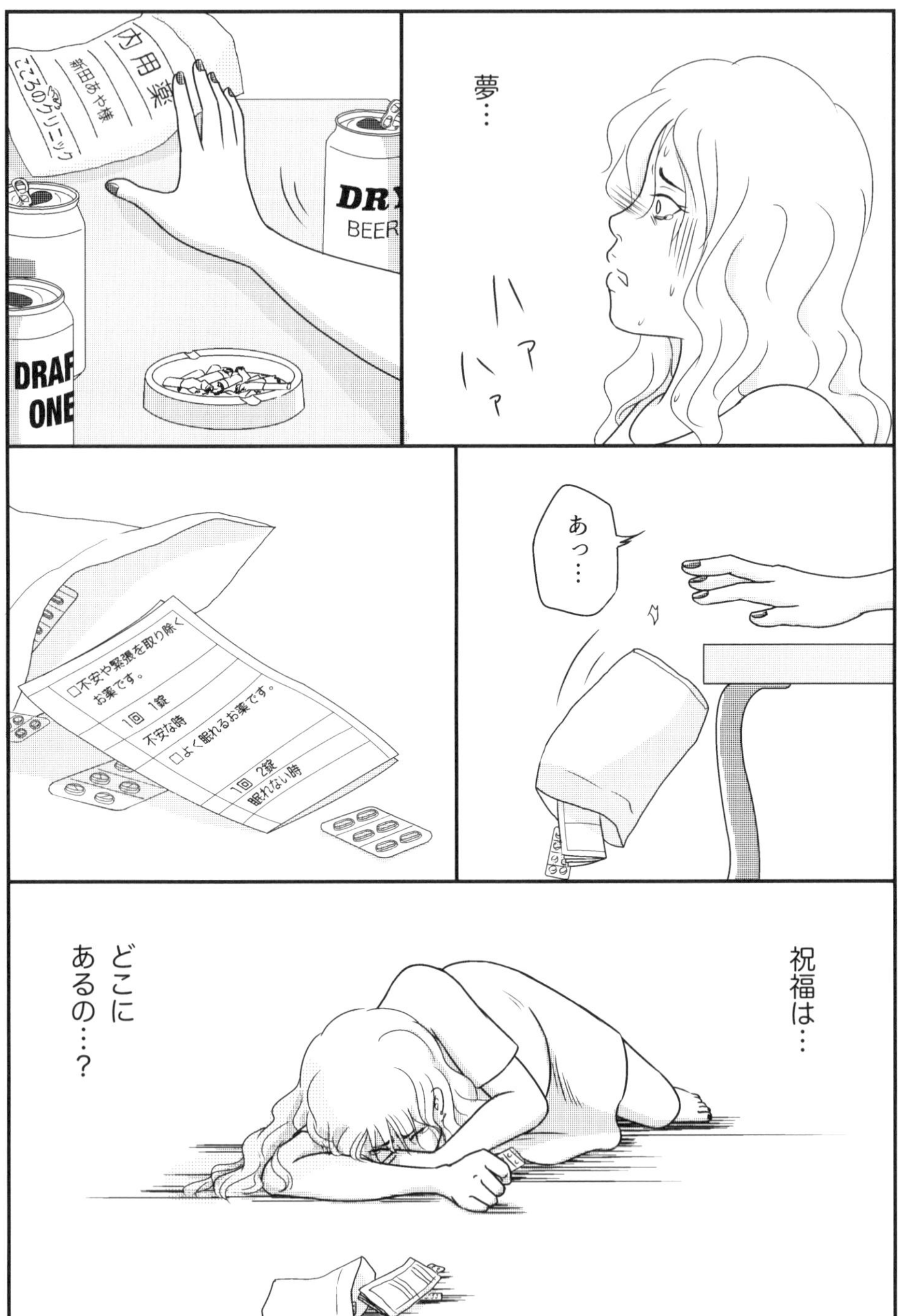
夢…
ハァ
ハァ
内用薬
新田あや様
こころのクリニック
DRY
BEER
DRAF
ONE
あっ…
□不安や緊張を取り除くお薬です。
1回 1錠
不安な時
□よく眠れるお薬です。
1回 2錠
眠れない時
祝福は…
どこにあるの…?

助産院
プルルルルル
プルルルルル…
はい マナ助産院です
先生… 痛いよ…
何度もお腹が痛くなって…
怖いよ… 助けて…
あやさん
すぐ行くから！
大丈夫
一緒にいるからね

あやを受け入れてくれた周産期センターのある病院に急いだ
う～……
中央総合市民病院
Central Total City Hospital
あやさん
よく頑張ってるよ
ありがとうね
もう少し
だからね
そして…
分娩室
オギャア…
ギャア

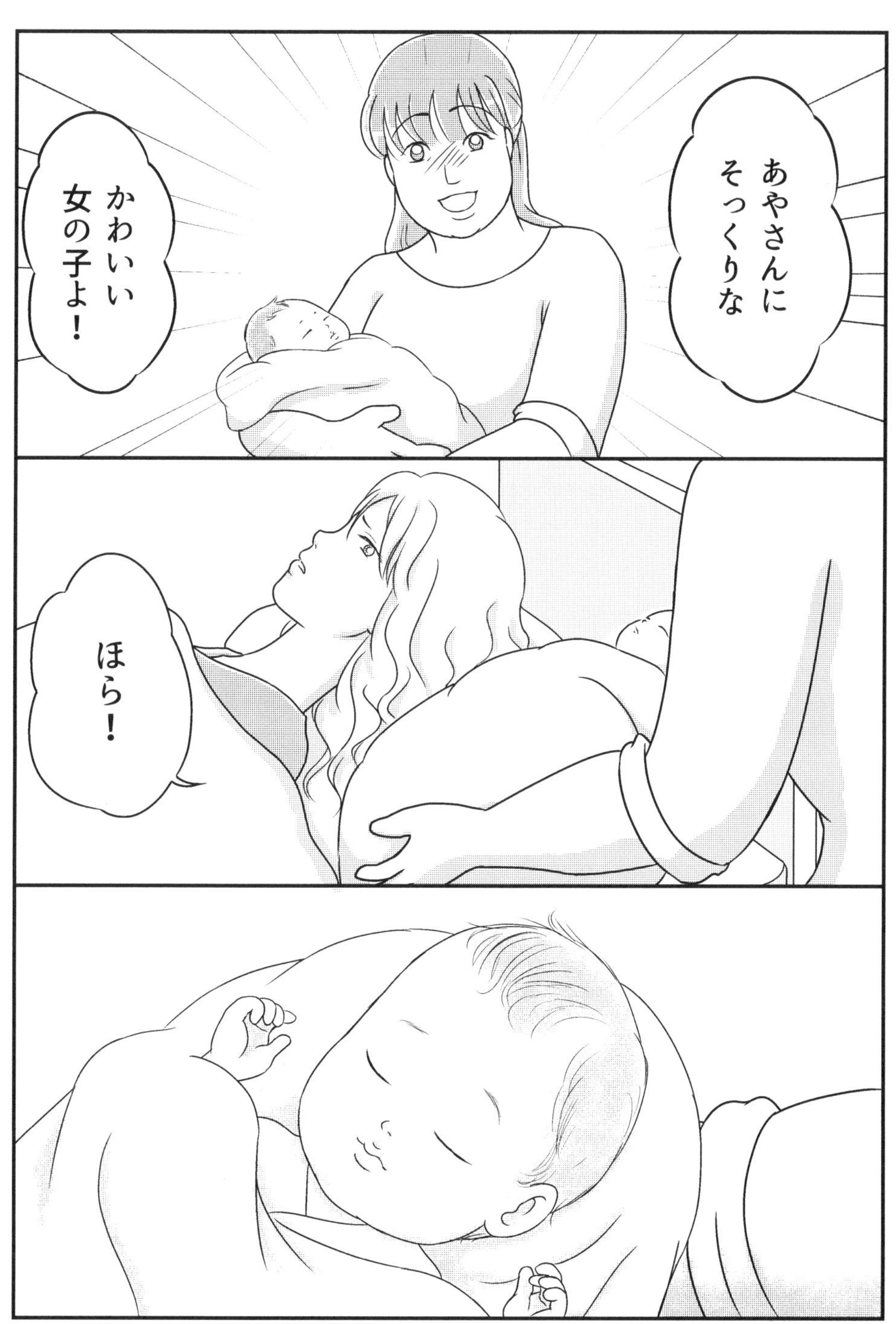
あやさんにそっくりな
かわいい女の子よ！
ほら！

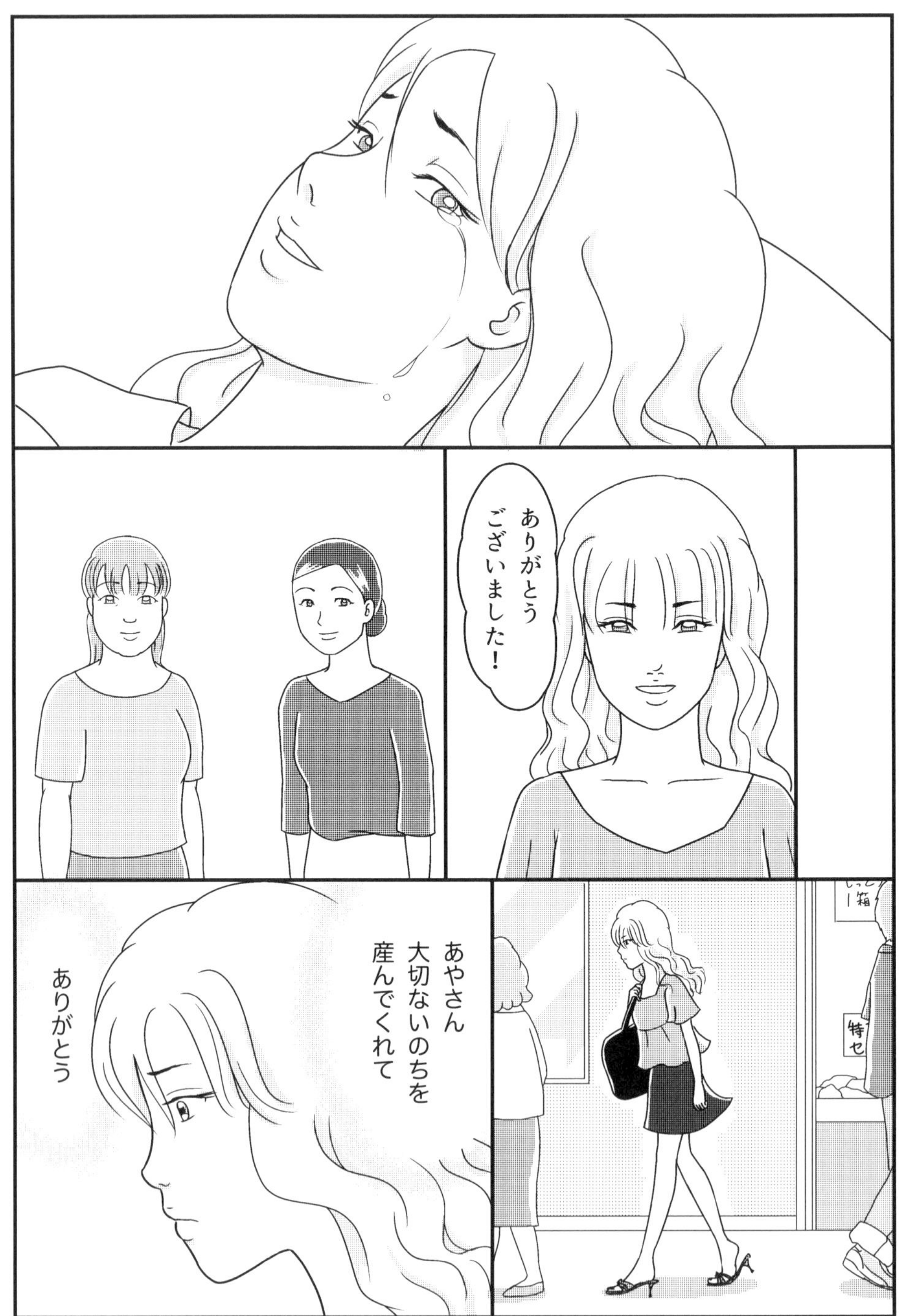
ありがとう
ございました！
あやさん
大切ないのちを
産んでくれて
ありがとう

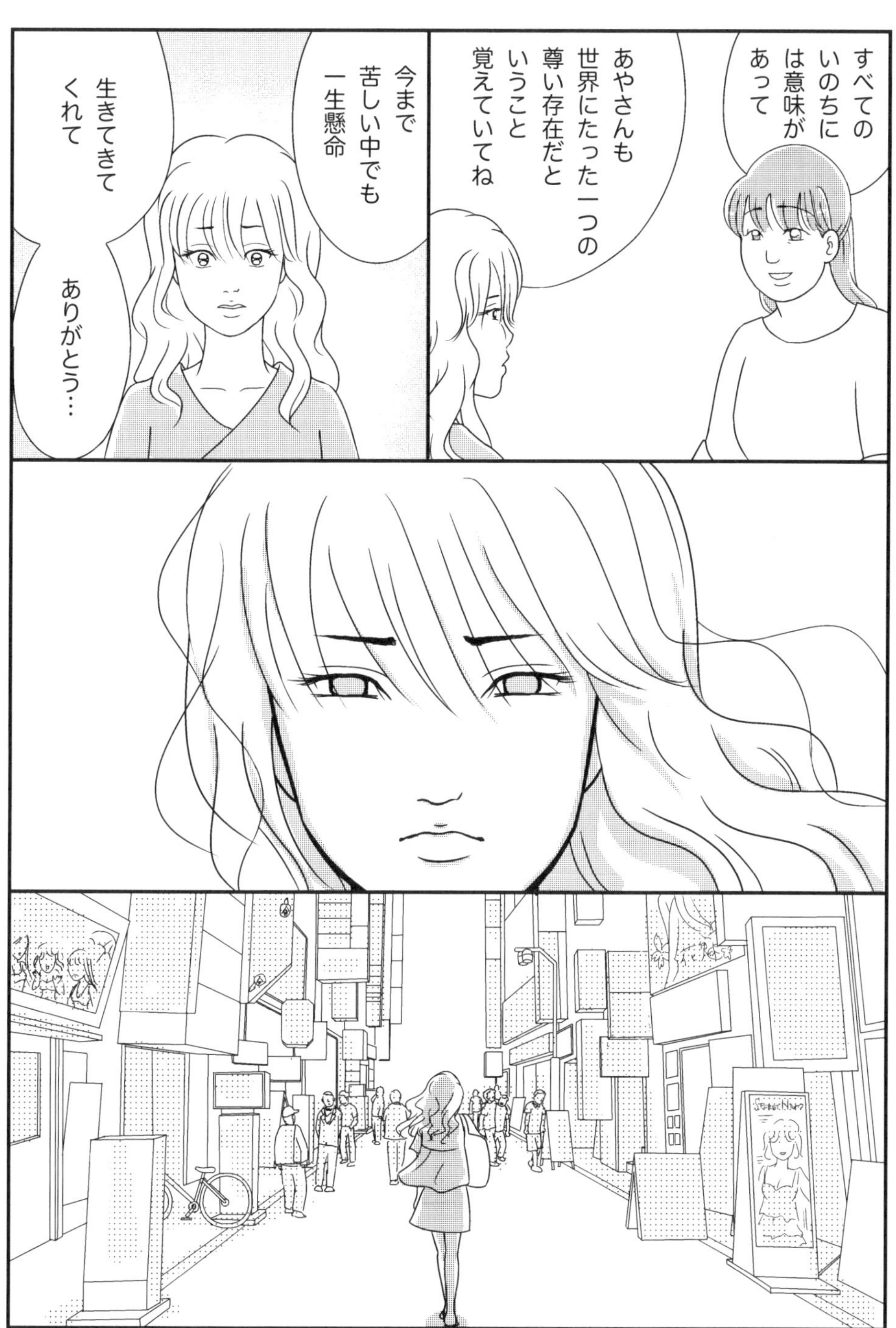
すべてのいのちには意味があって
あやさんも世界にたった一つの尊い存在だということ覚えていてね
今まで苦しい中でも一生懸命
生きてきてくれて
ありがとう…

ある病院から、「今受診している子で、このまま帰すのも心配なので、相談にのってあげてほしい」と連絡が入りました。タクシーでそのまま来所したあやさん（仮名）は、風俗の店で仕事をしている人でした。

あやさんは、あやさんと同じく風俗の仕事をしていた未婚の母の元に生まれましたが、早くに死別したために、祖母に育てられてきました。祖母は厳しく、未婚だった母のことを良く思っていなかったために、彼女にもつらく当たり、さびしい環境の中で育ちました。あやさんは、中学校を卒業すると同時に家を飛び出しましたが、行く当てもなく風俗の世界へ入るしかありませんでした。それでもあやさんにとって、男性に求められることは、これまで愛された経験を持たないさみしさを満たすもので、この仕事は彼女の居場所となっていきました。

風俗関係の仕事に就く女性は、届出をしているだけでも全国で約三十六万人（二〇二〇年現在）いるといわれています。小さないのちのドアにも風俗の仕事で妊娠したという相談が入ることは少なくありません。このような女性たちには、あやさんのように生まれ育った環境の中でつらい経験を持つ方は多く、その背景にはＤＶ（ドメスティック・バイオレンス）、離婚、生活困窮、虐待、精神疾患、借金などさまざまな事情が見え隠れしています。この仕事は報酬が日払いで支払われることも多く、学歴も関係なく、すぐに収入を得ることができます。またお店によっては、寮や食事、さらに託児所までついているところもあり、昼の社会で働いても生活できない、また行き場を失った女性たちにとっては、セーフティーネットとしての受け皿となってしまっている現状があります。家族や社会から拒絶されたと感じている彼女たちにとっては、親身に話を聞いてくれたり、衣食住を満たしてくれるこの仕事が、救いであり、居場所でもあるのです。

あやさんはデリヘル（デリバリーヘルス）で働いていました。最初はお店のルールもあり、性交渉なしのサービスだけで働いていましたが、直接お金をもらえることもあり、いつしか性交渉ありでの接客を始めるようになっていきました。そんな中、生理がこなくなりましたが、低用量ピルを飲んでいたこともあり、妊娠を疑うこともなく過ごしていました。お腹が大きくなってきて、妊娠に気づいた頃にはかなり週数が経っていましたが、受け入れたくない気持ちが強く、そのまま放置していたようです。ただ、大きくなるお腹、動くお腹に気持ち悪さを感じ、「堕ろしたい」と近くの産婦人科へ相談したのですが、三十週になっていたために中絶はできず、病院から相談が入り、小さないのちのドアに来所したのでした。

あやさんはほとんど語ることはなく、これまでの経緯を尋ねても淡々と返すばかりで、彼女から出る言葉は、「どうにかしてください、気持ち悪いです。早く出してください」といったものばかりでした。赤ちゃんを受け入れられず、お酒やたばこを大量にのみ、精神的にも不安定になっていたために、睡眠導入剤や抗不安薬などを内服していました。大きくなったお腹をたたいたりする行動も見られましたが、一緒に病院に行ったり、手続き関係も同行し、できるだけ寄り添い、そのままのあやさんを受け入れながら支援を続けていきました。

出産時、陣痛が始まると、初めて彼女から「怖い、来てほしい！」と電話がありました。「すぐ行くからね。大丈夫よ！」そう声をかけて病院へ駆けつけ、出産時も最後まで付き添いました。あやさんは特別養子縁組

を希望しており、生まれた赤ちゃんの顔は見たくないと言っていましたが、出産時に「かわいい女の子よ。あやさんにそっくりね」と声をかけると、涙しながら笑顔を見せてくれました。

性風俗の仕事があるからこそ生きていける女性たちがいることは現実にあります。しかし、その仕事を続ける限りは、妊娠や性感染症などのリスクは常にあり、時には暴力や性被害に遭うこともあるのです。

小さないのちのドアでは、二〇二〇年十二月に、生活支援の場である「マタニティホーム・Musubi」をスタートさせました。相談者の中には、妊婦でありながら住む所や頼る人がない方がいます。そのような方のため、生活支援から自立まで一貫したサポートが可能なホームを、たくさんの方々の支援によって建て上げることができました。マタニティホームは、衣食住を満たすことだけを目的として作られた場所ではありません。女性たちの実家、居場所のようなところでありたい、人と社会と再び結ばれる場所となるようにと願いながら、心を込めて運営しています。私たちにできることはほんの小さなことかもしれませんが、一人では乗り越えることができない妊娠出産という場面で温かい支援をさせていただくことで、女性たちのこれまでの傷が癒え、笑顔の人生へと生き方が変わる瞬間に何度も立ち会わせていただきました。

あやさんは、退院後すぐに仕事に戻ると言って元の場所に帰っていきましたが、「ありがとう」と言いながら見せてくれた笑顔は、心からの笑顔だったと思います。

彼女にとってこの経験がどんな意味があるのかは私たちにはわかりません。しかし、お産の時に寄り添ってさすった腰や握った手のぬくもりを思い出して、私たちのあやさんに対する愛を感じてくだされぱと思うのです。

コラム7 妊娠・出産にかかるお金

赤ちゃんを産み、育てることは経済的にも簡単なことではありません。しかし妊娠・出産を支えるための制度は少しずつ充実してきており、相談者の中には、妊娠・出産にいくらかかり、どんな支援が受けられるのかが具体的にわかることで、産む決断をする人がいます。正しい情報を得ることはとても大切です。

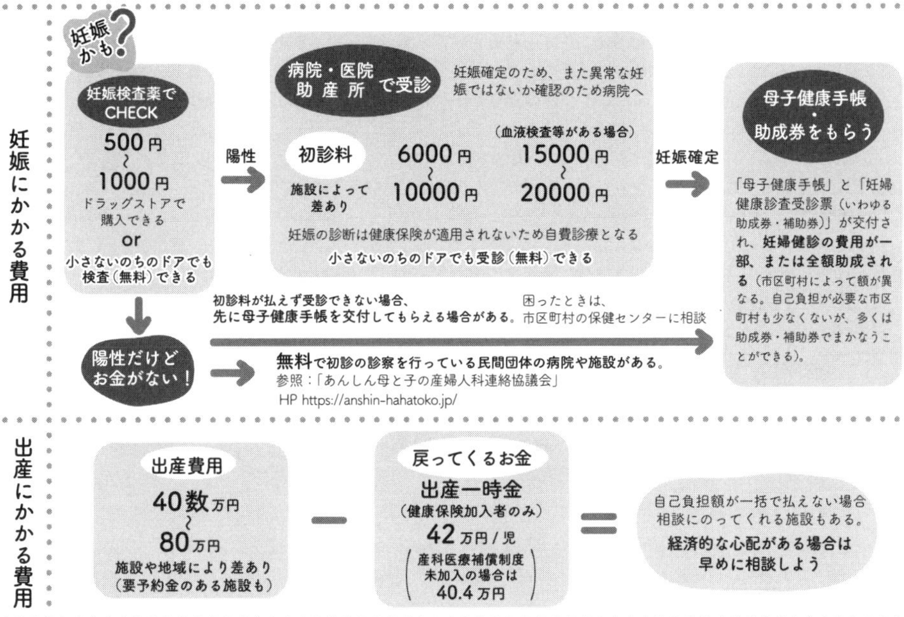

妊娠にかかる費用

妊娠かも？

妊娠検査薬でCHECK
500円〜1000円
ドラッグストアで購入できる
or
小さないのちのドアでも検査（無料）できる

→ 陽性 →

病院・医院 助産所 で受診
妊娠確定のため、また異常な妊娠ではないか確認のため病院へ

初診料 6000円〜10000円（血液検査等がある場合）15000円〜20000円
施設によって差あり

妊娠の診断は健康保険が適用されないため自費診療となる
小さないのちのドアでも受診（無料）できる

→ 妊娠確定 →

母子健康手帳・助成券をもらう
「母子健康手帳」と「妊婦健康診査受診票（いわゆる助成券・補助券）」が交付され、**妊婦健診の費用が一部、または全額助成される**（市区町村によって額が異なる。自己負担が必要な市区町村も少なくないが、多くは助成券・補助券でまかなうことができる）。

↓

陽性だけどお金がない！

初診料が払えず受診できない場合、先に母子健康手帳を交付してもらえる場合がある。
困ったときは、市区町村の保健センターに相談

無料で初診の診察を行っている民間団体の病院や施設がある。
参照：「あんしん母と子の産婦人科連絡協議会」
HP https://anshin-hahatoko.jp/

出産にかかる費用

出産費用
40数万円〜80万円
施設や地域により差あり
（要予約金のある施設も）

－

戻ってくるお金
出産一時金
（健康保険加入者のみ）
42万円／児
（産科医療補償制度未加入の場合は40.4万円）

＝

自己負担額が一括で払えない場合相談にのってくれる施設もある。
経済的な心配がある場合は早めに相談しよう

出産費用の支払いができない場合

◆助産制度の利用　助産制度とは、出産費用を負担できない妊産婦のために、出産にかかる費用を、全額、または一部援助してもらえる制度。助産制度がある地域や使える出産施設は限られているため、詳細は住まいのある市区町村の担当窓口に相談。

◆民間機関の支援：円ブリオ基金センター
産みたくても産めない妊婦を対象に相談を受け付け、**出産費・健診費をサポートしている。**ただし特別養子縁組の場合は申請ができない。

◆出産費や生活費の貸付制度：各健康保険組合／社会福祉協議会
無利子（場合によっては低利子）で融資してくれる制度がある。出産費については、加入している健康保険組合へ。生活費については社会福祉協議会へ相談。

健康保険に加入してない場合

・国民健康保険や社会保険に加入していれば、出産一時金が支給されるが、保険料未払いなどで資格喪失している場合がある。

・保険料額は、自治体や保険料の滞納期間、所得によっても異なるが、出産までには健康保険証を持っておく必要がある。国民健康保険の場合は支払いが困難な場合、保険料免除や納付猶予制度がある。**まずは担当窓口へ相談しよう。**

コラム8　生活できない・住む場所がない人へ

思いがけない妊娠で相談に来られる女性の中には、経済的な困難を抱えている方も少なくありません。コラム７に引き続き、福祉の分野から経済的支援を受けられることをお伝えします。

生活保護

生活保護は生活に困窮している人に対し、その困窮の程度に応じて必要な保護を行い、健康で文化的な最低限度の生活を保障するとともに、自立を助長することを目的として定められた制度です。ただ、誰でも受けられるというわけではなく、最後のとりでのような制度ですから、他の制度や支援が受けられる場合は、そちらが優先になります。いくつかの受給条件がありますが、**申請は誰でもいつでもできます。**

〈受給条件〉

・援助してくれる家族や親族がいないこと・貯金がほとんどないこと・資産（家や土地、車など）がないこと・働けない・働いても、手当をもらっても月の収入が最低生活費を下回っているなど。

〈申請先〉

今住んでいる場所（住民票がなくてもいい）を管轄している福祉事務所の生活保護担当。家がなかったり、居場所がない場合は、現在地を管轄する福祉事務所。受給決定までは、申請から２週間から最長１カ月ほどかかる。

〈受けられる援助〉

生活保護には８つの扶助（金銭や現物での援助）があり、受給中は免除されるものがある。

◆**生活扶助**　日常生活に必要な食費や洋服代、光熱費など、基準額による支給
◆**住宅扶助**　家賃　定められた範囲内で実費支給
◆**医療扶助**　本人負担なく、直接医療機関に支払われる
◆**出産扶助**　出産費用　定められた範囲で実費支給
◆**教育扶助**　義務教育を受けるために必要な学用品費定められた基準額による支給
◆**介護扶助**　介護費用
◆**生業扶助**　就労に必要な技能の修得等にかかる費用
◆**葬祭扶助**　葬儀費用

〈免除されるもの〉

・医療費・年金・国保保険料・住民税・固定資産税・水道料金の基本料金など

住む場所がない人

妊娠期でも利用できる滞在先や保護先は限られていますが、行き場がない場合は、まずは各窓口に相談を。

◆婦人保護施設

DV被害や、身体的・精神的障害を抱えている、生活困窮などさまざまな事情で社会生活を営む上で困難を抱えている女性のための施設。相談先：住まいのある管轄の福祉事務所で相談。

◆母子生活支援施設

基本的には18歳未満の子どもを養育している母子を保護し、生活支援している施設。限られてはいるが、妊娠中から利用することができる施設もある。相談は住んでおられる管轄の福祉事務所。

◆民間団体が実施しているシェルターや生活支援施設

小さないのちのドアは相談支援だけではなく、生活支援の場として「**マタニティホームMusubi**」を併設している。他の妊娠SOS相談を受けている団体でも、生活支援施設を運営している団体も少しずつ増えてきている。
思いがけない妊娠によって行き場を失い、頼れる人もなくお困りの場合は、小さないのちのドアや各団体に相談を。

以上のように、多くの制度や支援がありますが、実際に利用することが難しいと感じている方も多いと思います。他にもさまざまな支援や制度があり、一人ひとりに合った支援を適切に受けることができるようサポートしていますので、**一人で悩まずに勇気を出して相談してみてくださいね。**

CASE 5 妊娠中絶

はるの選択

はる

18歳。高校卒業後の就職が決まっていたところに妊娠発覚。母は幼い頃に亡くなっており、父と二人で暮らしている。

はるさん
赤ちゃんですよ
わたしの
赤ちゃん…

チュン
チュン
わははは
いこーぜー
死にたい

三カ月前
妊娠?!
この前避妊しなかった時あったじゃん
だからだよ!
ごめん…
どうするの…?
そ…そりゃ結婚するしかないだろ?
え…
結婚…
そしたら仕事は…?
お父さん就職決まって喜んでくれてたのに…

BUS 旭ヶ丘一丁目
赤ちゃん
かわいい…
仕事は子育て
しながらだって
できるし…
頑張ろ

智也の両親に
挨拶に行くことになった
はー 緊張するね
うん…
え？
中絶の費用です

そんなっ……
わたし…産みます
それは非常識だ
きみは高校を卒業したら
就職も決まってるんだろう？
智也も社会人になって間もない
まだまだこれからの身ですからね
智君っ
ねっ
結婚するって言ったよね?!
……

あなたと結婚
ですって？
クスクス
智君と別れて
わたし一人で
育てていこうか…
でも…
お父さんを
助けたくて
早く自立
したいと
思ってたのに…
わたしが
シングルマザーに
なれば
お父さんに
また負担
かけてしまう…

すでに妊娠20週と
なっていたため
中期中絶の
手術となった
菊池産婦人科
陣痛促進剤で
流産させるように
なりますので
陣痛を経験して
いただくことに
なります
分娩室
ここは
いのちの誕生を
喜ぶ場所
ううう――
わたしは
何を
しているの
く……

闇に
落ちた

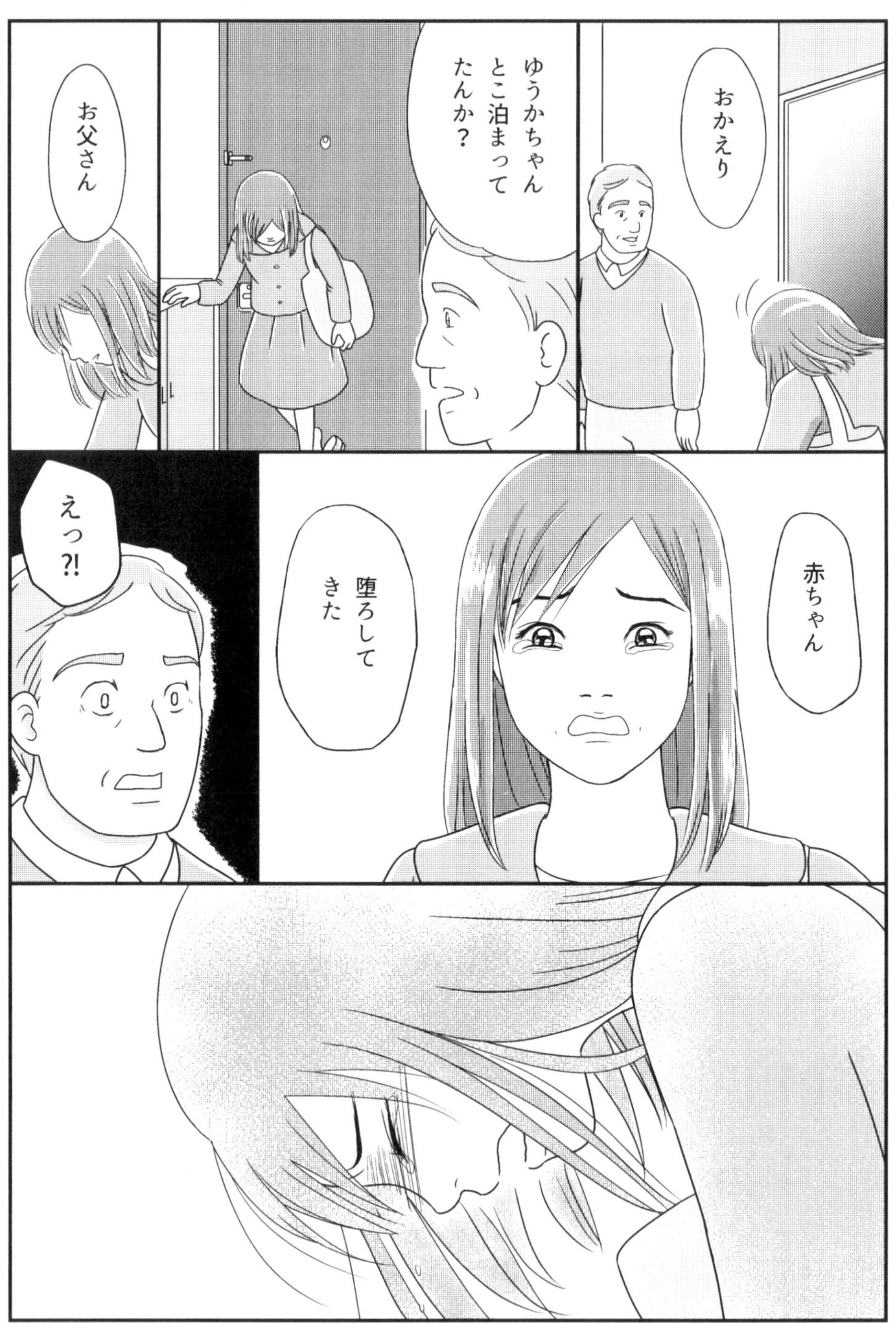
おかえり
ゆうかちゃんとこ泊まってたんか？
お父さん
赤ちゃん
堕ろしてきた
えっ?!

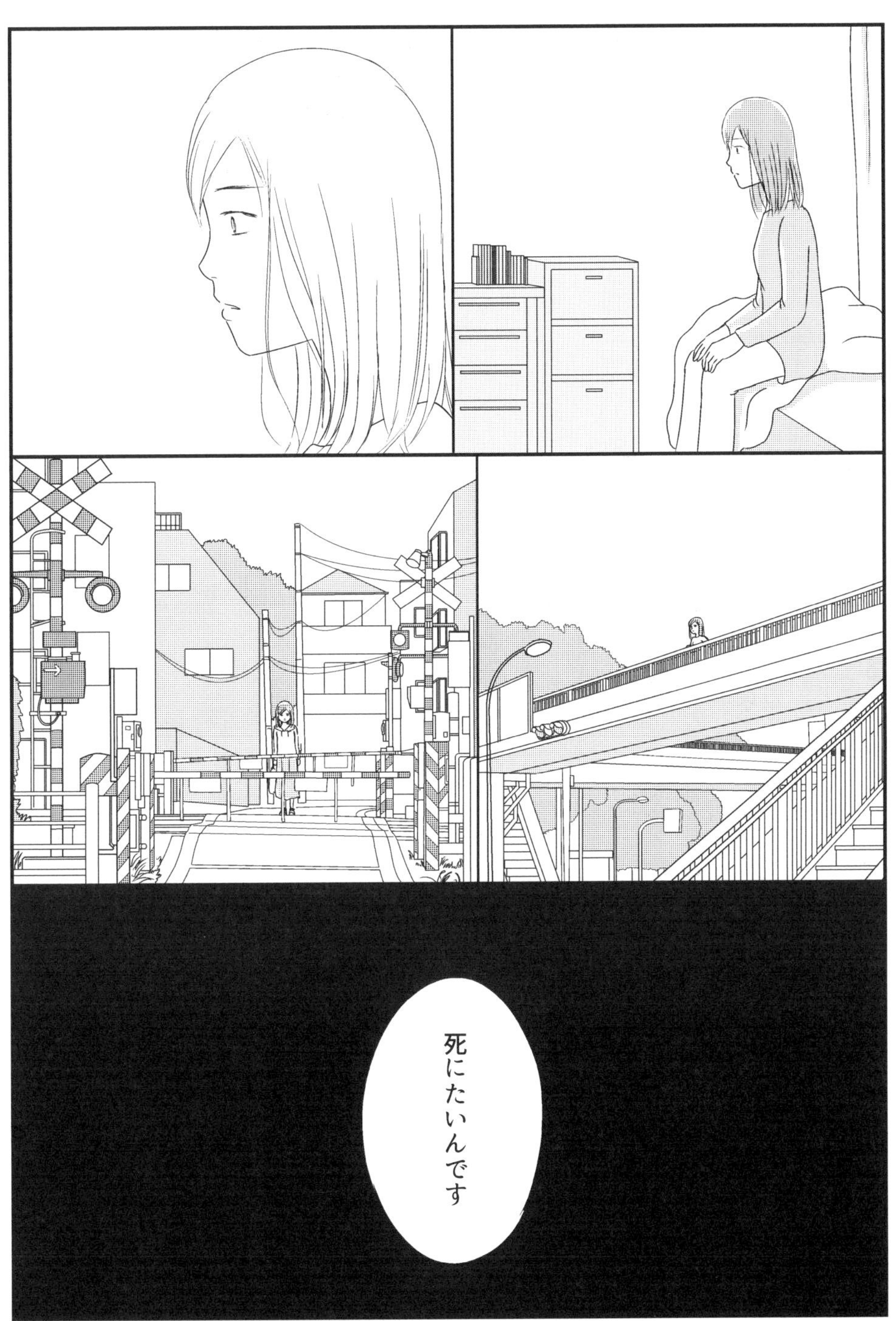
死にたいんです

中絶して…
つらすぎて…
つらい気持ち… 話してくださって ありがとうございます
小さないのちのドアに電話をしたはるはそれから数日おきにかけるようになった
仕事はやめたってよかった
産んであげたかった

彼は全然
助けてくれなかった
お父さんお母さんと
一緒になって…
ひどいこと…
言うんです…
死にたい
けど…
お父さんが悲しむ
と思うと…
お父さんに
心配かけたく
ないのに…
「最近全然
食べてない
じゃないか
少しは食べないと
体こわすぞ」
はるさん…
本当につらい
ですね…
お父さんを思う気
持ちがはるさんを
踏みとどめてくれ
てるんですね…
今はつらい気持ち
苦しい気持ちを
閉じ込めずに
たくさん出して
いいんですよ

「苦しい」とSOS
出すことができる
力があるという
ことは
前を向く力
幸せをつかむ力が
はるさんの中にある
からだと思います
自分の一部が
なくなってしまっ
たようで…
空っぽ
なんです…
苦しい…
はるさんが泣いている
のを…
きっと赤ちゃんが
心配して見てますよ
赤ちゃんは
たった一人の
大切な
お母さんに
幸せになって
ほしいって
思って
いますよ

数カ月後
いのちのドア
疲れた人、重荷を負っている人は、わたしのところに来なさい。わたしがあなたがたを休ませてあげます。
聖書
遠いのによく来てくださいましたね！
勉強始めたんです
資格取ろうと思って
天国で赤ちゃんに会った時に
お母さん頑張ってきたよって言いたいから

赤ちゃんが
心配して
見てますよ
ダン
ダン
ダン
ダン

うっ
ううっ…
はるさん?!
どうされましたか？
妊婦さんを見ると憎くて…怒りが湧いて抑えられないんです…
わたしの赤ちゃんはもういないと思うと…
うっうっ
うっうっ
駅の階段で…怒りまかせに妊婦さんの横を通ろうとしてしまった…
危ないってわかってるのに…
こんな自分…いや…

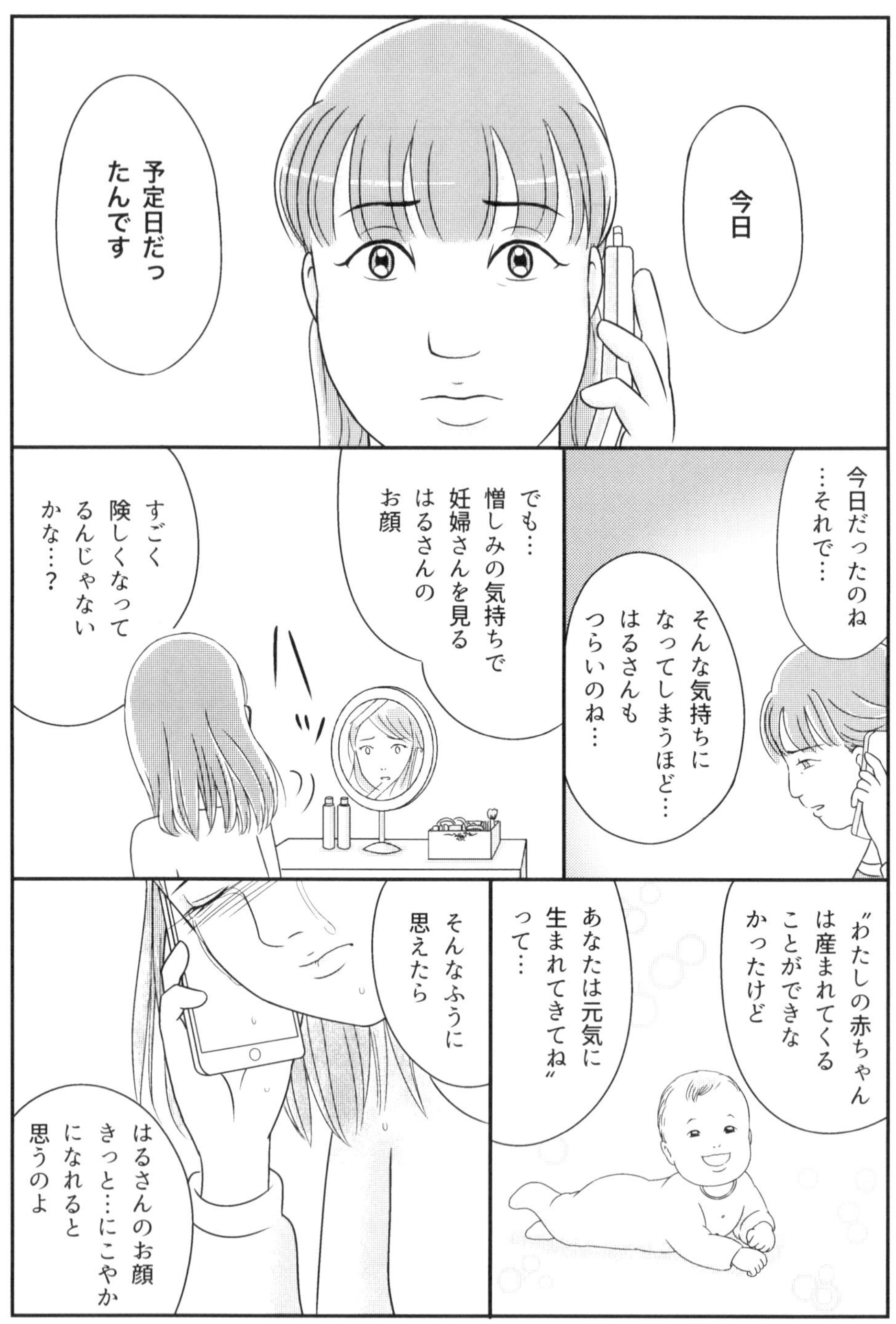
今日
予定日だったんです
今日だったのね…それで…
そんな気持ちになってしまうほど…はるさんもつらいのね…
でも…憎しみの気持ちで妊婦さんを見るはるさんのお顔
すごく険しくなってるんじゃないかな…？
〝わたしの赤ちゃんは産まれてくることができなかったけど
あなたは元気に生まれてきてね〟って…
そんなふうに思えたら
はるさんのお顔きっと…にこやかになれると思うのよ

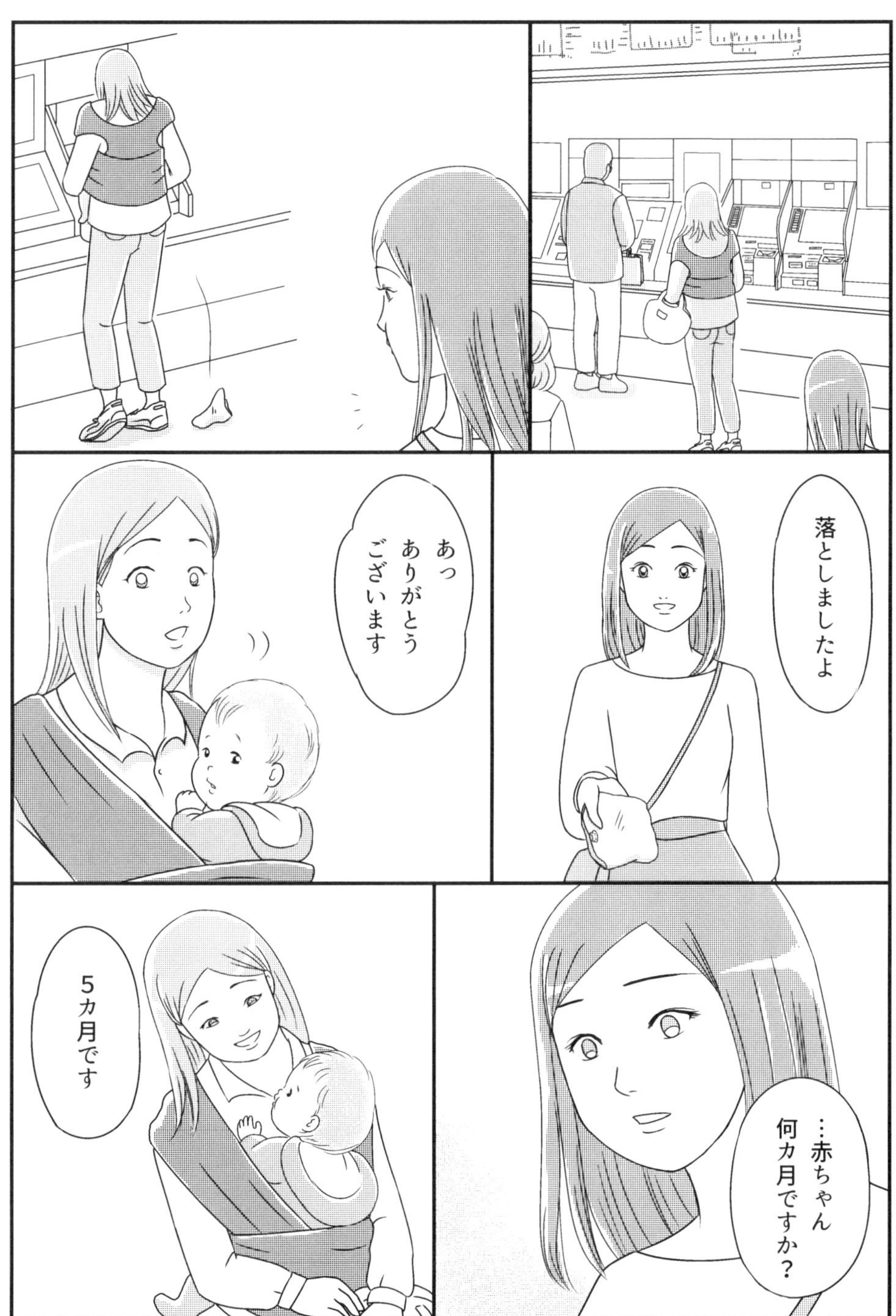
落としましたよ
あっ
ありがとう
ございます
…赤ちゃん
何カ月ですか？
5カ月です

5カ月…
わたしの
赤ちゃんと
同じ月齢…
生まれていたら
こんな大きく
なってるんだ…
…？

かわいい
ですね
お母さんは
前を向いて
歩いていくから――
待っててね――

「先週中絶したんです。でもつらすぎて、死にたいです……」。そう夜中に電話がかかってきたのは、春が終わろうとしていた頃でした。

現在日本では、統計上年間約十四万六千件（実数はそれ以上とも）の人工妊娠中絶が行われています。タイミングが違えば、お金がなければ中絶して当然、それが世の中の多くの考え方かもしれません。でも、どれだけ小さくても、いのちを断つということには変わらず、中絶によって女性は傷つき、罪悪感や喪失感でいっぱいになり、うつ状態になる人もいます。はるさん（仮名）もそんな女性の一人でした。

はるさんが中絶を決めたのは、高校を卒業し就職するというタイミングでの妊娠だったからだそうです。納得していたつもりでしたが、「苦しくて仕方ない」と、三、四日ごとに電話をしてきては、つらい思いを吐露する日々が半年ほど続きました。

話を聞いていくと、仕事を辞めてでも産みたかったこと、彼や彼の家族が産むことなどあり得ないというプレッシャーをかけてきて、諦めざるを得なかったことなどが分かってきました。一人で産み育てるという選択も考えたそうです。しかし、早くにお母さんを亡くし、きょうだいもいなかったはるさんは、お父さんに迷惑をかけまいと、高校卒業とともに実家から独立して生活しようとしており、その選択に、当時の状況では踏み出すことができませんでした。

最初は責任を取るからと、結婚に向けての話も出ていたようですが、家族に話をすると彼の態度が一変し、産むことに反対するようになりました。味方になってくれる人は誰もおらず、はるさんは追い詰められていきました。

日本では妊娠二十一週六日までは人工妊娠中絶が可能ですが、手術を受けられる期間は妊娠週数によって異なり、十一週六日までを初期、十二週〜二十一週六日までを中期と分けています。初期の中絶は中期中絶に比べて負担が少なく、日帰り手術がほとんどで、中期になると、出産と同じように産む必要があり、人工的に子宮口を開き流産させる方法をとります。ですから、痛みも伴い、体への負担とともに精神的な負担も大きく、入院が必要となってきます。はるさんが中絶すると決めた時も、この中期の時期でした。

はるさんにかかわるようになって数カ月がたった頃、相談の内容に少し変化が出てきました。それは、「忘れてしまうのが怖い」というものでした。それまで毎日泣いていたのが、泣かない日が出てきたり考えていない時間ができてくると、それが今度は罪悪感に変わっていたのです。

ある時、「一度行ってもいいですか？」と、遠方だったにもかかわらず小さないのちのドアを訪ねてくれたことがありました。少しずつ前を向こうと、資格を取るために勉強を始めたこと、仕事も部署が変わって一生懸命頑張っていること、彼との関係、家族のことなど、いろいろな話をしてくれました。そして、いつか天国で赤ちゃんに会ったとき、胸を張って頑張ったと言える人生を歩みたいと素敵な笑顔を見せてくれました。

そんなはるさんが、秋になる頃に泣いて電話をしてきたことがあります。「妊婦さんを見るとすごく憎く思えてしまったりして、つらくなる……。今日予定日だったんです」。そんなふうに彼女は、正直な気持ちを話してくれました。予定日だった日が近くなるにつれ、気持ちが落ち込んでいったこともあり、人間関係もうまくいっていなかったようでした。私たちはそんな彼女の思いをありのまま受け止めながら、「そう思っているとき、きっとはるさんの顔は怖い顔になっていると思う……。本当につらい中にいると思うけれど、『私の赤ちゃんは生まれてくることができなかったけれど、あなたは元気に生まれておいでね』、そんなふうに思えることができたら、きっとはるさんの顔はにこやかになれると思うよ」、そう伝えると、彼女はハッとした様子で、電話の向こうの声は穏やかになっていきました。

ある時、はるさんの住む近くに出張で行く予定があったため、連絡を取って食事をしたことがありました。新しい出会いがあり、職場でも後輩が入って先輩として頑張っていること、趣味を見つけて楽しんでいることなどを話してくれました。「次会う時は、うれしい報告ができるように頑張ります。その時は、マナ助産院で出産できたらな。出会えてよかったです。ありがとうございました」。そう言ってはるさんは、笑顔で帰っていきました。

小さないのちのドアには、はるさんのように中絶後に相談をしてこられる方もいますが、中絶を迷っているといった相談が寄せられることも少なくありません。その中で、中絶を選択する方は少なからずおられます。私たちは決して否定することなく、ただ癒やしを祈り、この経験を通して人生と向き合い、天国で赤ちゃんに会ったとき、頑張ったよと言える人生を歩めるように寄り添い続けます。

こういった相談を受ける中で感じることは、中絶を選択せざるを得ないという考えに至らせる原因の多くは、解決できるということです。選択肢を提示しながら丁寧にかかわり続けることによって、産むという決断をし、その後は幸せに過ごしている方もたくさんおられます。実際に、中絶可能な時期に相談した人だけを抽出して、相談した結果どのように選択したのかをデータ化してみると、半数の人が産む選択をしています。その後どうしたのかがわからない人の中にも産む選択をした人がいると考えると、相談をすることで半数以上の人が産むという選択をしているのです。先日も、「中絶しなくてよかったです。本当に産んでよかったです」、そんなメールを頂きました。

十代の妊娠の場合は、保護者の同意が必要になることが多く、本人は産みたいと思っていても、嫌がる娘さんを無理やり病院に連れていって中絶手術を受けさせるご家庭もあります。しかし、その後に抱える娘さんの苦悩は誰も代わることはできません。

日本では、一日に統計上四百五十人、実際にはその二〜三倍ともされる中絶手術が行われ、六人に一人の女性が中絶を経験しているといわれています。次世代を担う人を育む役割を持っている女性たちが、罪悪感や痛みを持ったまま生きづらい人生を歩むことなく、人生やいのちを大切にする選択ができるようにと願っています。

	12週まで	21週6日まで
その頃の胎児の大きさ		
方　法	子宮の入口を少し広げるためにラミナリアという器具を入れて数時間おいておく。その後手術室に入り、静脈注射による全身麻酔をする。その後膣を器具で開き、子宮の入口をさらに広げて掻把（引っかき出す）か吸引して中のものを出す。	陣痛を起こすために陣痛誘発剤の点滴静脈注射をすると少しずつ陣痛が強まり、子宮の入口が開いていく。赤ちゃんが通るほど開くと赤ちゃんが産道から外に出てくる。
入　院	なし	あり
リスク	子宮内に傷ができたり、まれに穴が開いてしまうことがある。出血。将来不妊や異常妊娠出産の原因に。	子宮の入口がなかなか開かず子宮の入口を傷つけることがある。子宮破裂や腹膜炎のリスクもある。 出血。
法的処置	手術前の同意書（本人、パートナー18歳未満は保護者）	手術前の同意書（本人、パートナー18歳未満は保護者） 死産証明、死産届、死胎火葬許可書など（病院がしてくれるところもある）
費　用	10万円から20万円	30万円から60万円 出産一時金を利用すると 数千円から30万円

＊同意書は母体保護法で定められていますが、同じくこの法律で以下のような場合は同意書がなくても中絶可能となっています。

・性犯罪による妊娠の場合　・相手が死亡している場合　・相手が誰かわからない場合

・パートナーと連絡がとれない場合

また18歳以下の方の中絶は特殊な事情を除いては基本的に保護者の同意書が必要です。

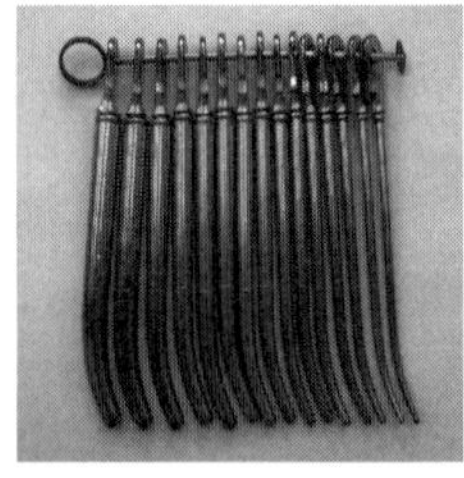

◀子宮頸管拡張器
（子宮の入口を開くための器具）

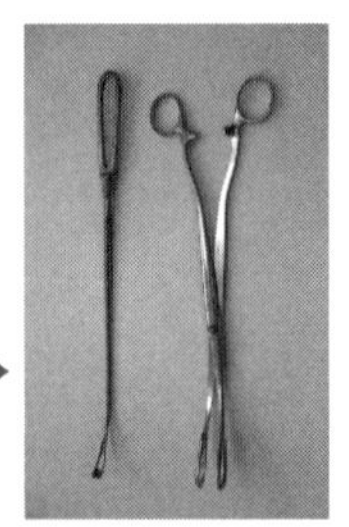

胎児を取り出すときに使用する▶
大きな耳かきのようなキュレット
（左）と胎盤かんし

コラム9　人工妊娠中絶について

1948年7月13日優生保護法が発布され、わが国で合法的な人工妊娠中絶術が認められるようになりました。その後、中絶が避妊の1つであるかのように、**おびただしい数の胎児が生まれることなく中絶術によっていのちを絶たれました。**

1996年に優生保護法から母体保護法となり、中絶の要件は「1、妊娠の継続又は分娩が身体的又は経済的理由により母体の健康を著しく害するおそれのあるもの。2、暴行若(も)しくは脅迫によって又は抵抗若しくは拒絶することができない間に姦淫(かんいん)されて妊娠したもの」とされ、手術が可能な週数は21週6日までとなりました。

手術の方法は12週までと、その後から21週6日までとは異なります。
12週までは静脈注射で全身麻酔を行い、膣から子宮の中に器具を入れて、胎児と子宮内容物を取り出します。キュレットという機械で引っかき出す掻爬(そうは)術と吸引機を入れて吸引する方法があります。

12週以降は陣痛を起こしてお産と同じ経過で胎児を出産します。
いずれにしても感染症や出血、将来の不妊や異常妊娠などのリスクがあります。身体だけではなく、中絶手術後のPTSDはPASと呼ばれ心的後遺症を伴うこともあります。また70%の女性が中絶手術後に罪悪感を持つとの調査結果も報告されています。

胎児は受精後1カ月ほど（妊娠6週、生理が遅れて2週間経った時）のわずか数mmでも心臓は休みなく拍動していますし、その後2週間もすれば2cmほどになり、超音波画像で手足も見ることができるようになります。妊娠21週6カ月の赤ちゃんは胎外の音も聞くことができます。

胎児はどんなに小さくても人です。母のものでも父のものでもない、その子固有のいのち。また、あなた自身も大切なかけがえのないいのち。このいのちが守られるためにも、またあなたが幸せな人生を歩むためにも、中絶を安易に選択しない方法を一緒に考えましょう。

コラム10　虐待家庭を生まないために

虐待を受けて育った女性はまたわが子に虐待をするという言葉をよく耳にしますが、必ずしもそうとは限りません。反面教師という言葉がありますが、暴力を振るわずに優しく子育てしている方もたくさんおられます。

「虐待の連鎖」という言葉に惑わされないでほしいと思います。子どもは思いどおりになりません。日々「もう～！」と腹が立ったり、肩を落とすほど落ち込んだり……。でも**「私は子どもを力でもって支配しない」と決めて子育てすることもできます。**

そのためには、育児中に孤立しないことです。育児サークルに参加したりSNSでママ友を作ったり、居住地の保健師さんに育児の不安などを聞いてもらうこともできます。周りの方々と支え合いながら、喜びをもって育児しましょう。

また、子どもの成長は個人差が大きいものです。他の子どもと比較せず、成長の早い遅いは個性として見るといいと思います。「大器晩成」という言葉もあるくらいですから。

それと同じように、生活スタイルや実家の様子もさまざまです。他の家と比較して落ち込むのではなく、**自分の置かれた良い面を数えて前向きに毎日を送ってはどうでしょう。**隣の芝はそれほど青くはないはずですよ。

もう一つのおすすめは、温かいお産を経験してほしいということです。自分の気持ちを遠慮なく伝えることができ、受け止めてくれる施設を探しましょう。お産は過去のつらいことを払拭し、これからの子育ての力につながる大切な経験ですから。

虐待してしまいそう、虐待をしているという方は、居住地の担当の保健師に相談しましょう。

CASE 6 飛び込み出産

さとみの選択

さとみ

23歳。高校卒業後、家を出るために関西へ。

資格を取ろうと専門学校に通いながらアルバイトを頑張っていたが、バイト先で知り合った男性との間で妊娠し、そのまま結婚、退学。

2歳と1歳の子どもがいる。

AMBULANCE
消防本部
Emergency Medical Service
う…
今から
市民病院に向かいます

AMBULANCE
中央消防本部
ブォッ
ガクッ
助かった…
8カ月前
これも
小さくなって
きちゃったね
リサイクル
ショップ　また
行かないと…

大ちゃん
次はいつ　お金
入れてくれるんだろう…
ギャー
やだぁ〜
ダメ!!
やだやだ〜
バタ
うわぁぁん
バタ
ドーンッ
ドン
まま〜
ゆめちゃん
どろ
どろ〜
わー
ベチャ
ベチャ
ハァ…

疲れた…
もう寝たい…
でも
これやっちゃわ
ないと…
内職メイト
造花セット
大ちゃん
今日も遅いな…
いつも　どこで
飲んでるんだろう…
ふえ～ん
トン　トン

おい
大ちゃん
帰ったの
え…
なに…
大ちゃん
お願い
避妊して…
コンドーム
買ってきてる
から…
んなもん
使ったら
なえる
やろうが
ほら
起きろっ
グイ
いたっ

いや…
もう
妊娠したくない
もう…
中絶したく
ない…！
大ちゃん
わたし…
妊娠した
みたい…
妊娠？

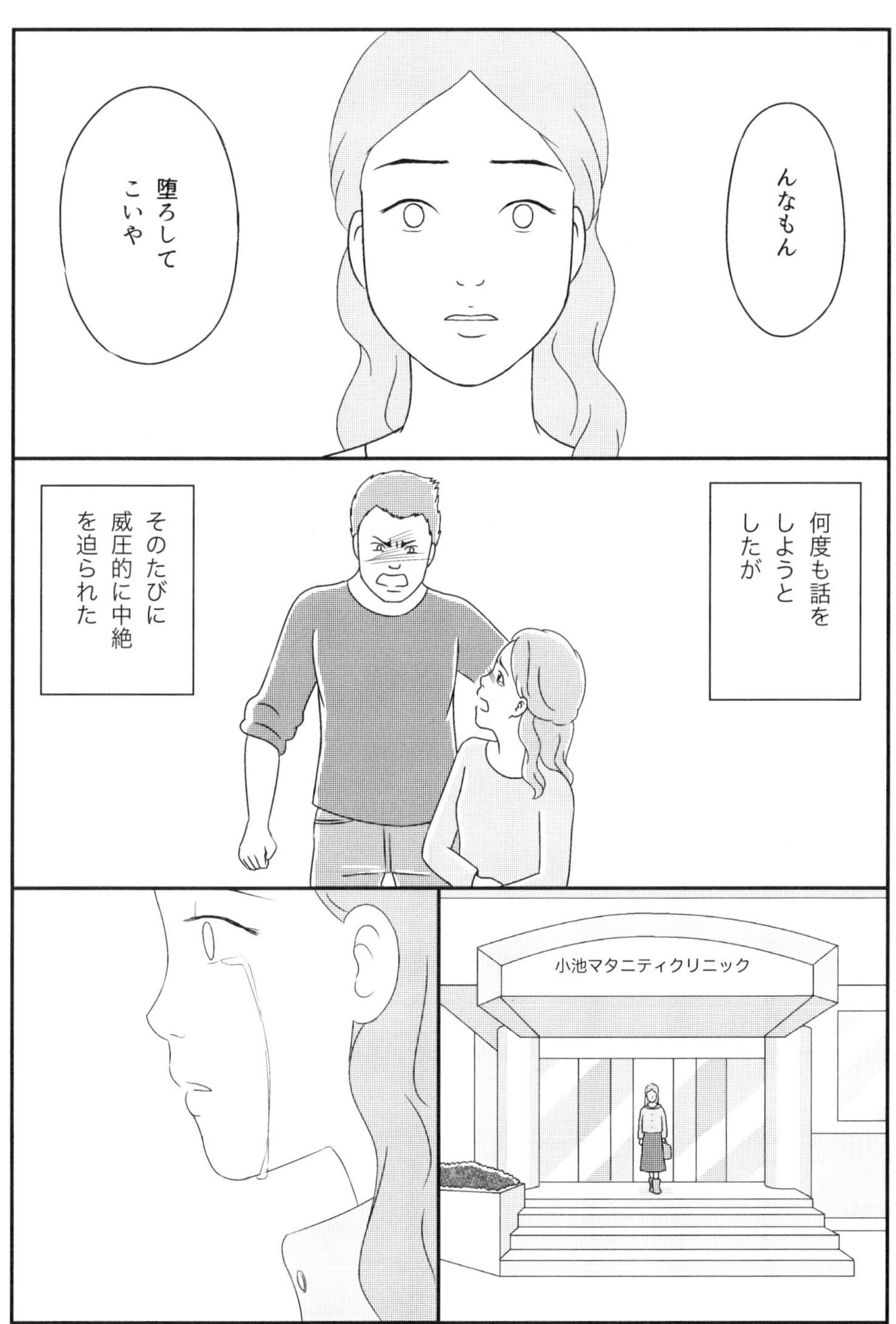
んなもん
堕ろしてこいや
何度も話をしようとしたが
そのたびに威圧的に中絶を迫られた
小池マタニティクリニック

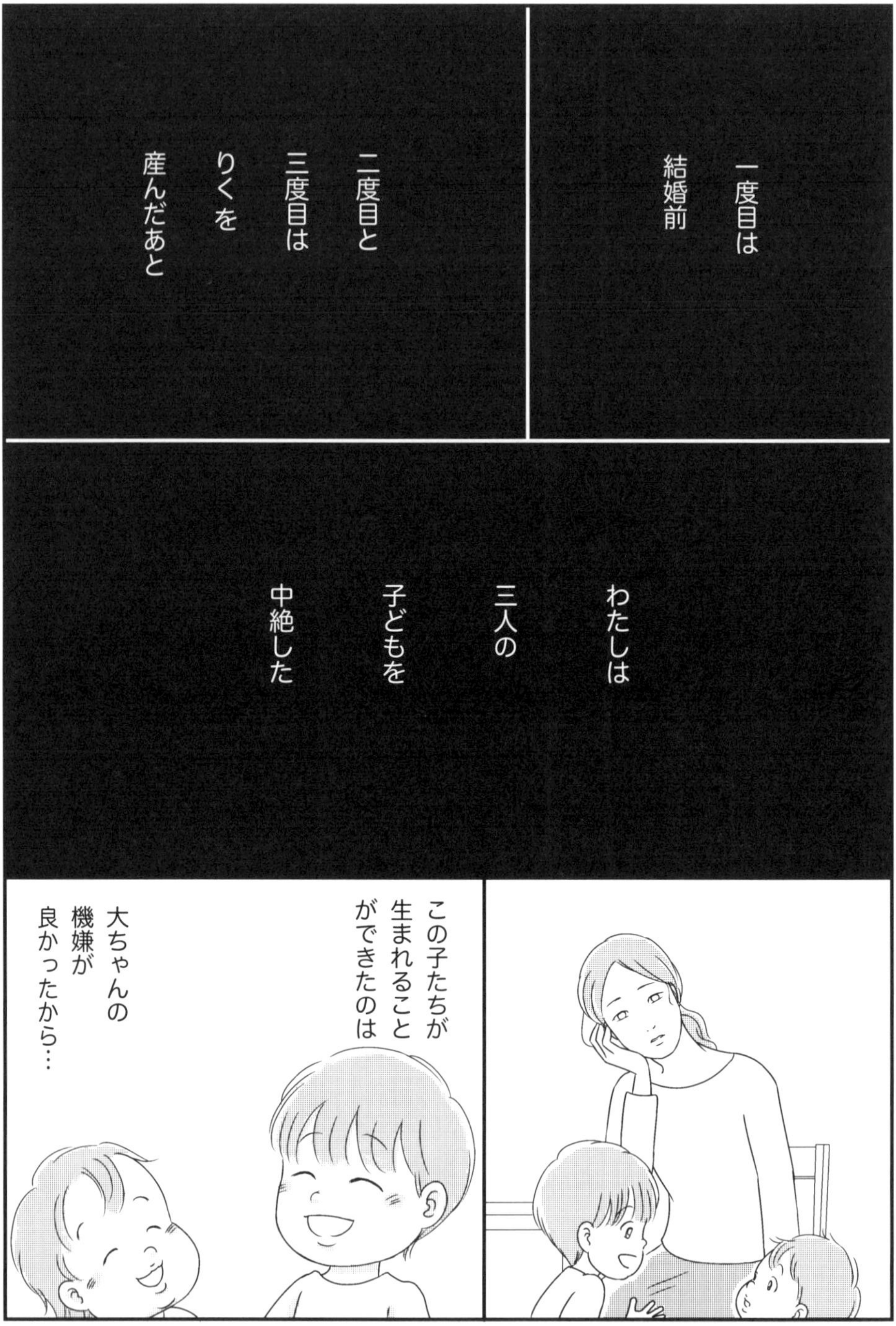

一度目は
結婚前

二度目と
三度目は
りくを
産んだあと

わたしは
三人の
子どもを
中絶した

この子たちが
生まれること
ができたのは
大ちゃんの
機嫌が
良かったから…

あ…
おかえり
おいっ
メシは
まだかよ
ごめん
何だか気分が
悪くて…
今から
作るから…
チッ
ざけんなよ!!
ビクッ
なんだろう…
ここのところ
ずっと
胃の調子悪い…
まさか…
悪阻(つわり)…?!

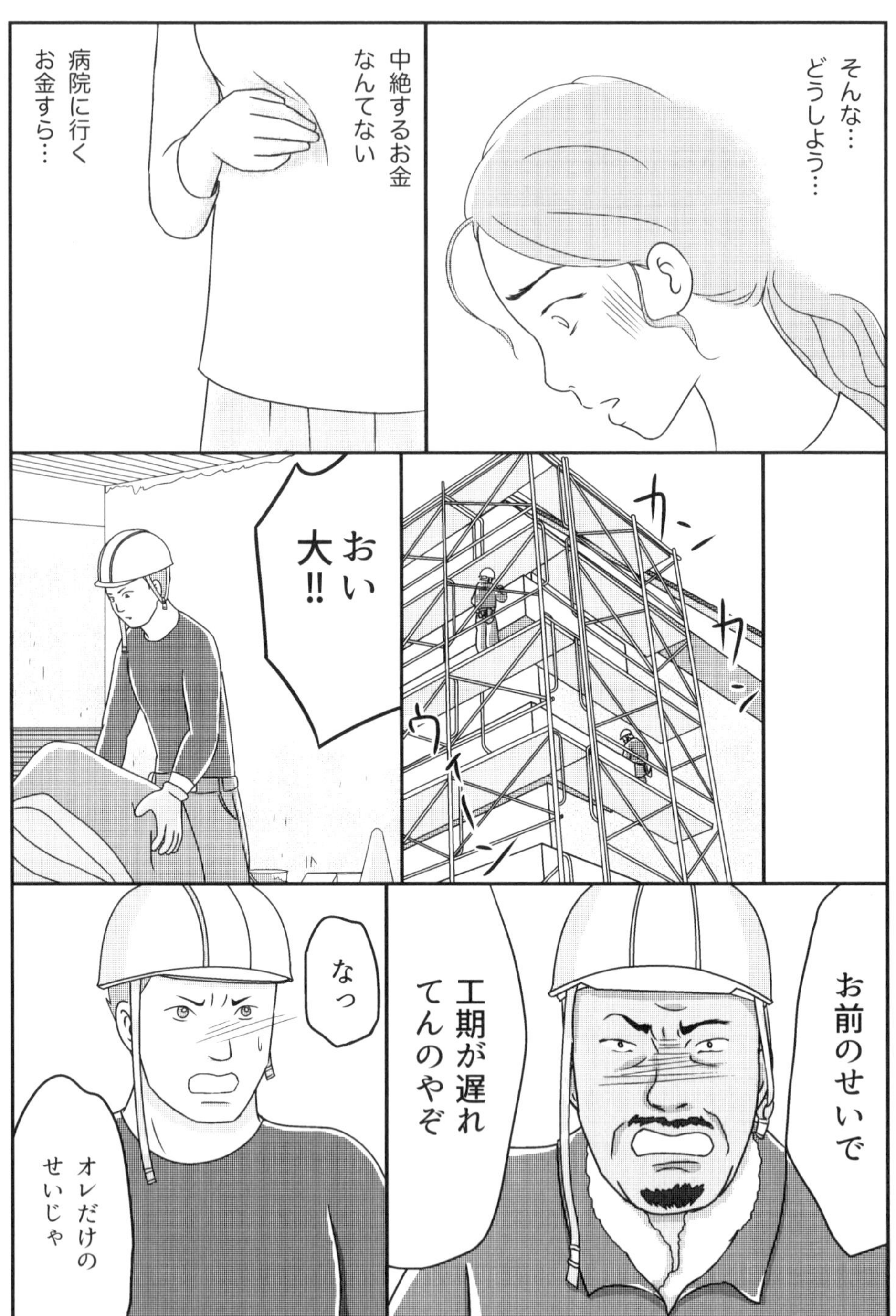
そんな…
どうしよう…
中絶するお金
なんてない
病院に行く
お金すら…
カンカン
ウィーン
おい
大!!
お前のせいで
工期が遅れ
てんのやぞ
なっ
オレだけの
せいじゃ

ガガーン
口応えするなっ
この役立たずがっ
……っ
!
行くぞ
親方…
ゆめちゃんはぱんやさん
ぱぱはしょうぼうしさんね
りくんはぱとかーだよ

ウーウー
カンカン
火事だぞ
早く逃げてくださーい
ぱとかーも
うーうー
今日は
機嫌いいのかな…
ね
大ちゃん
今度 日当
もらえるの
いつなのかな
あぁ?!
プシッ
DRAFT
No.1
今月まだ
もらってない
から…
パキッ
DRAFT
ダメだ…

オレの稼いだ金やぞ!!
ああっ
ギャアー
まま――
うるせぇ
殺すぞ
やめてえぇ

わたしは
この運命から
逃れられない
あなたっ
お願い
やめて…
女のくせに
生意気なっ

お父さん
やめてぇぇ
昔は
優しかった…
動いた…
はやく…
はやく…
何とかしないと
どうしよう…
どうすれば
いいの…

うう…
く…く…
まま？
この痛み…
ハァ
ハァ
まさか…
陣痛？

病院を受診
することも
できないまま
数カ月が経過
していた
うそ…
そんな…
ハァ
ハァ
まだ早い
でしょ…
お腹のふくらみ
はそれほど
大きくなく
服でごまかして
いたため大吾
は気づいて
いなかった
どうしよう
どうしよう…
そうだ…
前に
テレビで見た…
匿名で赤ちゃんを
ポストに預ける
ことができ…
赤ちゃんポスト
預けられた乳児は
「反対されても命を守る」創設者

自分で産んで赤ちゃんポストに入れるしかない
赤ちゃんポストは…
九州?!
そ…んな…
ガクッ
そして再び
きた!!
ううう———…
間隔が短い…

このまま
大ちゃんが
帰ってきたら…
ハァハァ
わたしも赤ん坊も
殺される
……
誰か…
誰か…
小さないのちの
ドア…
search.yahoo.co.jp
「面談型」赤ちゃんポスト模索の神戸の助産院、9月に妊娠相談施設「小さないのちのドア」開設へ
2018.6.10 15:30
産経WEST　ライフ
「妊娠、出産に悩む人に手を差し伸べたい」と話す永原郁子院長＝神戸市北区
「育てられない子供を受け入れる「赤ちゃんポスト（こうのとりのゆりかご）」の国内2例目

もう今にも
生まれそうなんですっ
助けてください!!
あと一時間も
したら夫が
帰ってきます
見つかったら
殺される…
そちらへ向かい
救急車を
呼びます
わかりました
救急車
なんて
ダメです…
近所の人に
知られて
しまう…
切迫早産の可能
性があります
その場合はすぐに
処置をしないと赤
ちゃんもあなたも
危険なことになり
ます

近所の公園で待ってるって！
急ごうっ
AMBULANCE
こんな生まれる直前で…
すみません
大丈夫
これからはわたしたちが一緒です
ハッ

夫の車ですっ
子どもたちを
中へっ!!
分娩室
中央病院
ピーポー
ピーポー
AMBULANCE
消防本部
消防本部
わずか2000gの
赤ちゃんが推定
33週で誕生した
赤ちゃんはすぐに
NICU（新生児
集中治療室）に
入ることになった

わたし
帰ります
さっき産んだ
ばかりなのに…
夫に見つかったら
殺されます
ばれないように
早く帰らないと
翌日会うことを
約束し
さとみは
帰っていった
翌日
よく
ここまで
一人で耐えて
こられましたね

さとみさんの
おかげで
尊いいのちが
生まれました
産んであげら
れなかった
子たちが
いるんです…
3人も…
ごめんなさい…
ごめんなさい…

夫は結婚してからすごく威圧的になってきて…
お酒が入ると殴るんですひどいこともたくさん言われます
無理矢理セックスをさせられるばかりで避妊もしてくれません
それなのに妊娠したら堕ろせって言うんです
わたしが友達を作るのを嫌がるんです
たぶん暴力を振るってることがバレるから…
ご主人のために本当に苦労されてきたんですね…

さとみさんは
これから…
どうされたいですか？
これから？
これからのことなんていつの間にか考えなくなってた…
今日を生き延びるのに必死で…
いつも夫の顔色をうかがってきた
自分の気持ちを押し殺して…

うれしいとか
悲しいとか
こうされたら
嫌とか
こうしたいとか…
あまり感じなく
なってしまった…

さとみさんの
心の声…

すこしずつ
自由にして
あげましょうね

大吾はギャンブルで金を使い込み
消費者金融や親戚に借金を重ね公共料金や税金も滞納していた
大吾がさとみに渡す生活費は本当にわずかだった
何とか働けないかと思うのだが
パート募集
精肉・青果コーナー
時給 ¥964～
未経験者OK！ 制服貸与
スーパーマルトミ 採用係まで
06-3089-□652
大吾は源泉の出ない仕事をしているため
認可保育園に子どもを預けることができなかった
認可外は保育料が高くてとても払える額ではなかった
んぎゃ～
べーだ
さとみは今の自分の置かれている状況や
DV家庭で育ったことなども一つひとつ打ち明けていった

わたし…
赤ちゃんは
養子縁組で
いい親御さん
の元で育って
ほしいです
夫とは…
別れたいです
夏おでん
危険なことに
なりませんように…
緊急SOS
SOS

どうしよう…
やっぱり言えない…
ドックンドックン…
「近くのコンビニで
待機してます
何かあったら
すぐ駆けつけ
ますから」
これからは
わたしたちが
一緒です
大ちゃん！
わたし
この前
赤ん坊
産んだんだよ

…は？
わたし…
妊娠してたん
だよ
だけどお金も
ないから…
病院にも行けないし
中絶もでき
ないし…
だから?!
ビクッ
負けない
大ちゃんの
子でしょう?!
もう
子どもは
いらね

赤ちゃんは
特別養子縁組に
してもらうからっ
それからすぐ養子縁組の手続きを始めようとしたが
んなもん
してられっか
必要な聞き取り調査や出廷に赴く気はないと大吾は言い張った
どうでも
いいんだよ!!
そこで赤ん坊は児童相談所に保護してもらう形で乳児院に入った
県立児童相談所
それから特別養子縁組で養親さんを待つことになった
育てて
あげられなくて…
ごめんね…

離婚に備え顧問弁護士を通して借金の対策も考えていった
離婚したら
もうビクビクして暮らさなくてよくなる
しゅぽしゅっぽ
きゃっ
あはは…
りくくんねひこうきもできるよ
この子たちと一緒に自由になれるんだ…！
こんなに晴れやかな気持ちになったのいつぶりだろう！

懐かしい…
Esthetique
Textbook
エステティック学 理論Ⅱ
専門学校
妊娠して
やめちゃったからな…
資格取りたくて
頑張ってたなあ

さとみさんの
好きなこと
探しましょう
もう一度…
勉強して
みようか…
もう一度…
自分の夢
取り戻せる
かな…！

小さないのちのドアの日勤の業務が終わり、夜勤帯に入って間もない時に電話が鳴りました。「お腹が痛いんです。お腹に赤ちゃんがいます。夫が帰ってきてこの状況を知ったら殺されます！」部屋が緊張に包まれた瞬間でした。

「陣痛がきているんですね」と聞くと、「七分毎にきゅーっと痛くなるんです。でも大丈夫と思います。予定日はまだ先なので……」とのことでした。相談者のさとみさん（仮名）は、今回が三人目の出産でした。二人目を出産後、生理がくる前に妊娠初期の頃に一度だけ受診し、予定日は分かっているとのことでした。夫からは中絶をしろと言われていたのですが、中絶の費用もなく、そのままにしているうちに今日に至ったそうです。

自然なお産は夜や朝方に多いこともあり、このような緊急の相談は夜間帯、または土日祝日で行政の窓口が開いていない時に起きることが多く、難しい判断を迫られることが多々あります。

さとみさんの場合は、まずは救急車で周産期センターに搬送して、母子のいのちを守ることを優先しなければなりませんでした。同時に児童相談所に連絡を入れましたが、すぐに動いてもらうことはできませんでした。私たちはさとみさんに早産の可能性もあることや、早産の場合、自宅で生まれてしまったら赤ちゃんのいのちが危ないことを説明して、救急車を呼ぶように説得しましたが、彼女は救急車を呼ぶのは無理だと言い続けました。ありがたいことに直接行ける地域からの電話だったので、住所を聞き、すぐに家に向かうことができました。何とか彼女を説得し、救急車を要請することができたのですが、大事にならないように、家ではなく、近くの公園に向かってもらうこととなりました。
病院に到着する頃には、いきみの陣痛に変わり、あっという間に赤ちゃんは誕生しました。二千グラムの小さな赤ちゃんで、すぐにＮＩＣＵ（新生児集中治療室）の保育器に収容され、呼吸器が付けられました。妊娠三十三週ほどの早産児でした。そのような状況でも、さとみさんは、夫に知られたら殺されるかもしれないと、出産後二時間ほどで自宅に帰らなければ、と言うのです。説得をしましたが、必ず翌日会うという約束をして、何事もなかったかのように自宅に戻ることになりました。

二〇一八年九月に小さないのちのドアが始まって以来、二〇二一年三月までの二年七カ月の間に、妊娠八カ月以降で病院にかかっていない、いわゆる未受診妊婦からの相談は百二十五件あり、中には「赤ちゃんを自宅で産んでしまった」という電話もありました。その全員が母子手帳が未交付で、多くの方が健康保険が切れてしまっている状態でした。これまでかかわった未受診の妊産婦さんは、全員病院と行政につなぐことができ、母子のいのちを守ることができました。

妊娠の初期から妊婦健診を受けていれば、お産をする施設の選択肢が増えます。助産院で産むことも可能なのですが、五カ月以降にもなると予定日がはっきりせずに、早産なのか、または過期産なのか分からないため、出産場所は赤ちゃんの集中治療ができるＮＩＣＵが併設された周産期センターに限られてしまいます。
妊娠後期まで誰にも言えなかった人が、ようやく「助けてほしい」と手を伸ばすことができたとしても、信頼関係はすぐに作れるものではありません。頼る人が誰もおらず、私たちとも今にも切れそうな細い糸でつながった関係ですから、支援が途切れず確実に受けられるように、行政や病院に同行支援してサポートしていきます。

これまでこのようなかたちでかかわった方の多くは、自分のことを説明するのが苦手です。ご自身で行政に相談に行っても、うまく説明できなかったために、支援を受けられなかったという方も少なからずおられました。ですから、時には私たちが代わって説明させていただき、病院や行政に良い関係で受け入れてもらえるようサポートをしていきます。今では病院によっては、その方のケースカンファレンスに小さないのちのドアのスタッフも加えてくださることも増えてきました。医療機関、行政、私たちのような民間団体など、母子にかかわるメンバーで母子の幸せを考え、支援体制を作っていけるということは本当にありがたいことです。こういった連携がより強固なものになっていけば、新生児の遺棄事件を未然に防ぐ一助になっていくでしょう。

さとみさんはＤＶ家庭で生まれ育ち、小さい頃から父親に殴られる母親を見て育ち、また自身も暴言や暴力を振るわれながら育ってきた経緯があります。高校卒業後、家を出るために関西へ来て、資格を取ろうと専門学校に通いながらアルバイト生活をしていましたが、バイト先で知り合った男性との間で妊娠したため、退学しそのまま結婚しました。結婚するまでは優しい彼でしたが、結婚するなり高圧的になり、暴言を吐かれ、お酒が入ると殴る蹴るの暴力が始まりました。夫がお金を家に入れないために経済的にも困窮し、内職をしながら何とか幼子二人を食べさせている状況でした。性的なＤＶもあり、気づけば妊娠を繰り返し、今回の妊娠に至ったそうです。それでもさとみさんは、夫からの暴言暴力は、「男の人はそういうもの、母よりはましだ」と感じており、DVだとは気づいていなかったと言っていました。今回のことを通してDVを認識し、夫との離婚や生活の立て直しを考え始めました。私たちも全力で彼女を応援すべく、就職支援や、金銭面の問題も顧問弁護士を通してサポートし、ご自身も新しい生活をスタートする準備を着々と進めています。

赤ちゃんはというと、さとみさんは約束どおり翌日病院に来て赤ちゃんと面会することはできたのですが、引き取るということはやはり今の状況では難しいために、特別養子縁組を希望しました。しかし、夫の同意が得られず、赤ちゃんは乳児院で保護されることになりました。

赤ちゃんポスト（ベビークラッペ）発祥のドイツでは、赤ちゃんポストに赤ちゃんが入れられると、保護してから数日以内に新聞を通じて母親に呼びかけますが、母親が名乗り出なければ、その子は特別養子縁組で新しい家庭に託されるという仕組みになっています。子どもが幸せに育つことが最優先になっているのです。一方日本では、赤ちゃんポスト（こうのとりのゆりかご）に入れられた赤ちゃんは、その親を児童相談所や警察が探し、見つかればその家庭に戻されることもあるのです。日本では親権や出自が重要とされているために、彼女のように夫がいる場合は夫の同意も必要となるため、両親の同意がなければ基本的には特別養子縁組ができません。さとみさんも赤ちゃんの幸せを考えて、特別養子縁組を選択しましたが、制度の壁を前になかなか進めない現状があります。それでも彼女は少しずつ前に向かって頑張っています。

最も弱い立場の者が守られる、幸せになれる、最優先にされる、そのような社会が実現するために、活動を広げていく必要を改めて感じた出会いでした。

コラム11　子ども虐待と虐待死

子ども虐待は年々増加し、2019年には昨年度よりも相談件数が3万件以上増え、**20万件に迫る勢いで、過去最多**となっています。子ども虐待は身体的虐待、性的虐待、ネグレクト、心理的虐待の４種類に分類され、近年増えているのが心理的虐待で、半数以上を占めます。

また子ども虐待による死亡事例も高い水準で推移しており、習慣的に子どもに暴力を振るって死に至らせる、また育児を放棄して死に至らせる事件が後を絶ちません。

19歳以下の子どもの虐待死の中で最も多い年齢が０歳児で、中でも０日が最も虐待死数が多いのです。**１カ月に１人強の赤ちゃんが、生まれたその日に殺害されています。**そのほとんどの殺害事件で、実母が関与しています。また全員が出産施設以外での出産、いわゆる孤立出産です。これは大変危険なお産で、赤ちゃんだけではなく産む女性のいのちの危険もあります。運よく出産を終えても、赤ちゃんが生きていることが困る状況なので、産んだ赤ちゃんの命を奪うわけです。

その女性が特別悪いことをする女性かというと、そうではありません。セックスをして妊娠したことを誰にも言えず、病院にも行けず、どんどん時間が経ってしまった結果だということが容易に想像できます。

どんなに妊娠に目を背けても、時期がきたら必ず陣痛は起こってきます。自宅や公園のトイレなどで一人で産んだ後、首を絞めるか、口をふさぐか、もしくは放置しておくと赤ちゃんは弱っていき死んでしまいます。極悪非道な女性がこのようなことをするのではなく、むしろごく普通の女性が起こしてしまう殺人なのです。**もちろん犯罪ですので、赤ちゃんのいのちが奪われたのと同様、女性の人生も奪われてしまいます。**また殺害に至らなくても、届け出をせずに無戸籍で育児が始まると、行政の支援も受けることもできず、孤独な育児を強いられることもあります。そのような中で子ども虐待に至るケースもあります。

虐待によって多くの子どもたちが傷ついています。虐待は犯罪です。しかし、そうせざるを得なかった親の背景にある複雑な理由にも目を向ける必要があります。子育てに悩み苦しみ、孤立している人や、親自身も虐待を受けていた過去を持っていたり、配偶者からのDVを受けている事例も少なくありません。孤立させない、SOSを発信しやすい環境を作るなど、社会全体で取り組むべき大きな課題です。

身体的虐待	性的虐待	ネグレクト	心理的虐待
殴る、蹴る、叩く、投げ落とす、激しく揺さぶる、やけどを負わせる、溺れさせる、首を絞める、縄などにより一室に拘束する　など	子どもへの性的行為、性的行為を見せる、性器を触る、または触らせる、ポルノグラフィの被写体にする　など	家に閉じ込める、食事を与えない、ひどく不潔にする、自動車の中に放置する、重い病気になっても病院に連れて行かない　など	言葉による脅し、無視、きょうだい間での差別的扱い、子どもの目の前で家族に対して暴力をふるう（ドメスティック・バイオレンス：DV）、きょうだいに虐待行為を行う　など

コラム 12 DV について

DV とは、**ドメスティック・バイオレンス**（domestic violence）の略で、配偶者や交際相手など親密な関係にある、またはあった者から振るわれる暴力で、力で相手を支配しようとする行為です。交際相手からのDV は、「デートDV」と表現します。

暴力には次の 5 つがあります。

身体的な暴力
なぐったり、蹴ったりする。腕をつかんだり、行く手を阻んだりする。
物を壁にぶつけて威圧する。机などをガタガタさせておびえさせる。

精神的暴力
バカにする言葉を言う。自分のことばかり話して相手のことは聞かない。
自分を怒らせたのはお前だと言う。自分の意見に従わないとイライラする。自分を一番に考えてほしいと強く望む（「オレと〇〇どっちが……」のように）。

社会的暴力
相手が何をするか、誰と会うか、どこへ行くかなどすべて知っておきたいと思う。ほかの人と話をしていると不機嫌になる。活動を制限する。

経済的暴力
生活費を十分に渡さない。金銭的な自由を奪う。
「食わせてやっているのは誰だと思っているんだ」などの暴言を吐く。

性的暴力
セックスを強要する。避妊に協力しない。裸やセックスの写真や動画を撮る。

このような暴力を受けた結果、相手の意のままにふるまわなければならないと思い込み、次第に自分らしさがなくなっていきます。

DV の特徴として暴力行為の後、とても優しく反省しますが、その後不安定な状態になり、再び暴力に及びます。これが繰り返されているならDV であると考えます。どんなに優しい面があると思っても付き合うことはできませんし、離婚も視野に入れて今後のことを考えるべきです。子どもがいるならなおさら、支配と服従の関係の中で育つ子どもへの影響は甚大です。

内閣府の調査によると、**成人女性の 3 人に 1 人がDV 被害を体験**しており、20 人に 1 人は、殺されそうな目に遭っています。警察統計によると、日本では今も 3 日に 1 人ずつ、妻が夫によって殺されており、年々DV は増加傾向にあります。

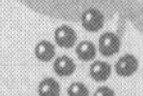

おわりに

私はマナ助産院を一九九三年に開業し、助産師として妊産婦の傍らに寄り添いながら地域母子保健に携わってきました。マナ助産院を訪れるほとんどの方は恵まれた環境で暮らし、妊娠したことを喜べる方々でした。しかし、二〇一八年に小さないのちのドアを開いたことで、予期せぬ妊娠の結果、追い詰められ、途方に暮れている方々がたくさんおられることを知りました。私は妊婦のいちばん近くにいながら、妊娠したことで苦しむ女性の姿が見えていなかったのです。

相談に来られる方の事情はさまざまです。未成年の妊娠や性感染症の相談、妊娠したことで家を追い出された子もいました。妊娠を告げた途端パートナーと連絡が取れなくなったり、妊娠したことでパートナーのDV（さまざまな暴力）がひどくなったなど、パートナーとの関係で追い詰められている方、また頼るべき実家が崩壊していたり、母親から虐待を受けていたため頼ることができない方、また、妊娠したために職を失い、貯蓄も尽きて家賃が払えなくなって住む所がない方。妊娠していなければ自分の力で何とか生活することができるかもしれませんが、妊娠、出産、産後は一人で乗り越えることは難しいのです。

実は、それにも増して深刻な問題があります。それは信頼して体を許したパートナーの心には自分への愛がなかったことへの失望や、成育歴において愛される経験が乏しい、もしくは邪魔者扱いをされて育ったことによる心の傷、また自分が働くことができなくなった時に感じた社会の冷たさからくる孤独感などです。この上、人工妊娠中絶を選択したらどれほどの傷を負うことになるでしょう。妊娠をすることによってこれらの深刻な問題が突きつけられるのですが、これをどう乗り越えるかによってその後の人生が大きく変わってきます。

小さないのちのドアを訪れた方の中には、事情を抱えながらも出産された方が多くおられます。相談された時期が遅く、中絶できなかった方もおられますし、敢えて産む選択をされた方もおられます。お腹にやってきたいのちを守ることができるのは、お腹にいのちを宿した女性だけです。そのいのちをこの世に送り出すことができるのもその方だけです。その尊い役目を引き受けたことで、出産後、自信に満ちた人生の一歩を歩み出される方を数多く見てきました。

かといって私たちは、中絶を選択された方々を非難することは決してありません。これほどのつらい経験をされたからこそ、この世の中で果たせる役割があるはずと、この経験を生かす人生に目を向けていただけるように願いながら中絶の傷に寄り添います。

いずれにしても、人生のどん底のような経験から、素晴らしい人生を手に入れてほしいと願っているのです。

小さないのちのドアに隣接するマナ助産院は、赤ちゃんが誕生する施設です。多くの赤ちゃんがここで産声を上げました。赤ちゃんは元気いっぱい生まれてきます。どの赤ちゃんにもそれぞれの人生があり、誕生はその一歩です。

マナ助産院では、二〇〇〇年に性教育グループ「いのち語り隊」を立ち上げ、幼稚園児から大学生、保護者や教職員に対して、いのちと性の大切さを伝える活動をしています。「あなたは一生懸命この世に生まれてきた大切な一人だよ。あなたしか果たせない役割を託されてこの世に誕生したんだよ」と語ります。

この「いのち語り隊」の働きと「小さないのちのドア」の働きを川でたとえると、「いのち語り隊」は上流での予防を、そして「小さないのちのドア」は下流に張り巡らせた網の目の細かいセーフティーネットの役割です。この二つの働きを通していのちを守り続けたいと考えています。

小さないのちのドアでは住む所がない、頼る人がいないと相談してこられた女性が安心して妊娠を継続し、人の温かさに触れる環境で過ごせるようにと、二〇二〇年十二月に「マタニティホーム・Musubi」を建てました。ここでは、新たな人生の出発のための就職支援などの自立支援も行っています。

実は二〇二〇年現在、日本には妊婦の生活支援に特化した制度がなく、したがってそのような公的な施設はありません。また、妊娠相談を二十四時間体制で受ける所もわずかしかないのが実情です。私たちの願いは、小さないのちのドアのような二十四時間体制の妊産婦の相談、そして生活支援から自立支援までできる緊急下の妊産婦支援の拠点が、数年のうちに全国各地にできることです。

日本では戦後、優生保護法のもとで、おびただしい数の胎児のいのちが生まれることなく奪われてきました。また、現在においても胎児のみならず、新生児や乳児の殺害遺棄事件が後を絶ちません。新生児を殺害遺棄する加害者のほとんどが実母です。中絶も、いのちを絶つ選択を女性自らがするの

です。これほど悲惨なことがあるでしょうか。最も小さな胎児や乳児、また弱い立場の妊婦を守る仕組みを作ることこそが、この国を心豊かな祝福に満ちた笑顔の国に導く方法なのではないでしょうか。この小さないのちのドアからそのことを発信し、ここがそのターニングポイントとなることを切望しています。私たちの中に起こされた願いは必ず実現すると信じつつ……。

最後になりましたが、この働きは多くの方の支えがあって、ここまで進めてくることができました。これまでに、涙を流しながら小さないのちのドアを訪れた何人もの方々が、笑顔でこのドアから新たな一歩を踏み出されましたが、私たちは、「あなたは一人ではありません。ここを支えてくださっている多くの方々があなたを応援してくださっていることを忘れないで」とお伝えします。私たちにとっても、つらい思いをしてドアを訪れる方々にとっても、皆様の応援がどれほど力になっていることでしょう。祈りやご支援をくださっているお一人おひとりに心より御礼を申し上げます。また、今回事例を掲載するにあたり、モデルとなった女性たちに心から感謝申し上げます。出版にあたり久しぶりに連絡を取らせていただいた中で、彼女たちの前を向いて力強く歩んでいる姿や温かい言葉にも励まされながら、この本が出来上がりました。出版の後押しをしてくださった、いのちのことば社にも心よりの感謝をお伝えしてあとがきといたします。

二〇二一年九月

永原郁子

永原郁子（ながはら・いくこ）

マナ助産院院長、一般社団法人小さないのちのドア代表。
1993年神戸市北区ひよどり台にてマナ助産院を開業。自然出産や子育て支援を通して地域母子保健に携わる。2000年に性教育グループ「いのち語り隊」を立ち上げ、「性を語ることは、生きることを語ること」という信念のもと年間約150カ所で講演。また2018年9月より、予期せぬ妊娠で悩む女性のために24時間相談が可能な「小さないのちのドア」をスタート、2020年12月には孤立した妊産婦が妊娠中から産後までを安心して過ごすための施設「マタニティホーム・Musubi」を開設した。
神戸大学大学院保健学研究科臨時教授なども務め、助産師の育成にも尽力する。著書『ティーンズのための命のことが分かる本』（いのちのことば社）他
小さないのちのドア HP　https://door.or.jp/

西尾和子（にしお・よりこ）

小さないのちのドア施設長・保健師。
大学卒業後、行政の保健師として母子保健に従事。保健師活動を続ける中で、永原と出会い、小さないのちのドアの開設当初から携わり、現在に至る。
小さないのちのドアのテーマソングを提供しているゴスペルバンド Postman のコーラス、マンドリン担当。牧師の妻、三人の男の子の母としても奮闘中。

のだますみ

イラストレーター、漫画家、デザイナー。
京都精華大学で日本画を学ぶ。出版社でデザイナーを務めた後フリーランスとなり、書籍の挿絵や似顔絵、装丁デザイン、漫画制作を手がける。
主な著作に『漫画　塩狩峠』『こころを整えるしあわせレシピ』（共に、いのちのことば社）等。朗読やゴスペル・平和の歌を歌う活動をしている。

小さないのちのドアを開けて

思いがけない妊娠をめぐる６人の選択

2021年10月1日発行
2021年11月25日再刷

著者　「小さないのちのドア」永原郁子・西尾和子　のだますみ

発行　いのちのことば社　＜フォレストブックス＞
〒164-0001 東京都中野区中野 2-1-5
編集　Tel.03-5341-6924 Fax. 03-5341-6932
営業　Tel.03-5341-6920 Fax. 03-5341-6921

新刊情報はこちら

ブックデザイン　のだますみ

イラスト　加藤潤子・のだますみ

印刷・製本　シナノ印刷株式会社

落丁・乱丁はお取り替えいたします。
Printed in Japan

ISBN978-4-264-04287-7